Traduzidos dos respectivos originais, com introduções e notas explicativas, esta colecção põe o leitor em contacto com textos marcantes da história da filosofia.

Morte e Sobrevivência

Título original:
Tod und Fortleben

© desta tradução: Carlos Morujão e Edições 70

Tradução: Carlos Morujão

Capa de FBA

Depósito Legal n.º

Biblioteca Nacional de Portugal – Catalogação na Publicação

SCHELER, Max, 1874-1928

Morte e sobrevivência. - (Textos filosóficos; 38)
ISBN 978-972-44-1381-5

CDU 129

Paginação:
MJA

Impressão e acabamento:
DPS - DIGITAL PRINTING SERVICES, LDA
para
EDIÇÕES 70
em
Agosto de 2018

1.ª edição: agosto de 1993
ISBN da 1.ª edição: 972-44-0891-4

Direitos reservados para todos os países de Língua Portuguesa
por Edições 70

Edições 70, Lda.
Avenida Engenheiro Arantes e Oliveira, n.º 11 - 3.º C
1900-221 Lisboa / Portugal
Telefs.: 213190240 - Fax: 213190249
e-mail: geral@edicoes70.pt

www.edicoes70.pt

Esta obra está protegida pela lei. Não pode ser reproduzida,
no todo ou em parte, qualquer que seja o modo utilizado,
incluindo fotocópia e xerocópia, sem prévia autorização do Editor.
Qualquer transgressão à lei dos Direitos de Autor será passível
de procedimento judicial.

Max Scheler
Morte e Sobrevivência

Prefácio

Morte e Sobrevivência, *que aqui se publica pela primeira vez em tradução portuguesa, reúne um conjunto de textos de Max Scheler, cuja elaboração e próxima publicação o autor por diversas vezes anunciou, mas que permaneceram inéditos até à morte prematura do filósofo em 1928.*

Publicados na Gesamelte Werke *de Scheler, «Schriften aus dem Nachlass», Vol. 1.º, Berna, Franck Verlag, 1957, estes textos reproduzem um manuscrito de 1911-12, consideravelmente alargado em 1913-14, parcialmente datilografado e posteriormente revisto pelo autor. Possuem, por isso, um caráter fragmentário, como se notará por algumas repetições e um ou outro deslize de sintaxe.*

Os apêndices A e B que completam esta edição datam de 1916 e, possivelmente, destinavam-se a uma obra que Scheler pensava escrever na altura e a que dera o título de Der Sinn des Todes. *Refletem já uma evolução do pensamento do autor e integram-se nas suas preocupações da altura, nomeadamente no que se refere às discussões em torno do problema das «conceções do mundo».*

Apesar do seu caráter inacabado, uma mesma preocupação unifica estes textos: a tentativa de recuperar um sentido para a morte, que impeça a sua transformação em acontecimento meramente catastrófico, ou a sua dissolução no anonimato de um «morre-se» indiferenciado, em que é sempre o «outro» que morre e em que, quando ela na sua eminência me ameaça, sou já, de certo modo, segundo a bela expressão do autor, o outro de mim mesmo. É nesta situação que, como Scheler refere com

8   MORTE E SOBREVIVÊNCIA

humor, a certeza da próxima morte se assemelha à conclusão de um silogismo: X morrerá porque todos os outros homens morreram antes dele, logo, todos os homens são mortais.

Compreende-se que a posição do autor se inscreva a contrario *na atitude dominante dos tempos modernos, em que a existência se encontra submetida ao império da técnica, para a qual a constância e subsistência dos objetos por si produzidos é o único fenómeno positivo. A técnica é negação da morte, como o nulo e não constante por excelência, de tal modo que tudo o que com ela possa ter alguma vizinhança é relegado para o domínio do particular e do subjetivo, pois, justamente pela sua resistência como problema, provoca o horror de uma técnica impotente para o resolver. Por outras palavras, procura-se relegar para o domínio do não pensamento o que, na tradição filosófica ocidental (de Platão a Schelling, pelo menos) foi considerado como uma das principais tarefas do pensamento. À técnica e aos seus derivados, que representam o triunfo total da imanência, causa horror o que aparece como ameaça à transparência e inteligibilidade do mundo.*

Nesta perspetiva, a análise de Max Scheler avizinha-se da tematização do ser-para-a-morte *que, aproximadamente pela mesma altura, Martin Heidegger começava a elaborar. Encarar com seriedade a sua própria morte é refazer, existindo, a ambiguidade do tempo (é tornar a existência tempo e não mera sucessão de instantes), vendo no morrer a possibilidade futura sempre presente e, de cada vez, adiada pelo presente da existência. A vida como economia da morte: eis uma das principais e mais profundas teses deste livro, que visa, do princípio ao fim, retirar à morte o caráter de um simples elemento empírico da experiência de nós próprios e dos outros, implicando-a* essencialmente *nessa mesma experiência.*

Uma última palavra acerca da tradução do título: sobrevivência (Fortleben) *e não imortalidade* (Unsterblichkeit) *escreveu o autor. Num ensaio de fenomenologia da experiência da morte, a imortalidade da alma, relevando de um domínio de experiência completamente diferente (a certeza que a fé tem de si própria), não é uma tese possível de se defender. O mesmo não acontece relativamente a um problema bem distinto: a saber, o de determinar se o modo como a pessoa se manifesta à nossa experiência terrena esgota todos os modos possíveis da sua existência como pessoa. Da resposta negativa a esta questão (tal é a*

PREFÁCIO 9

posição do autor) resultará a possibilidade de serem racionalmente – e necessariamente – admissíveis outros modos de existência. Sendo assim, pensamos que a nossa decisão de tradução se encontra plenamente justificada.

CARLOS MORUJÃO

Desaparecimento da crença na sobrevivência da pessoa

Aquilo que pertence à esfera da crença religiosa nasce no âmbito da história, cresce, definha e morre. Nunca será estabelecido à maneira de uma proposição científica, provado e, mais tarde, refutado. A opinião ainda hoje muito difundida segundo a qual a aplicação intelectual e os progressos da ciência sempre arruinaram, através da sua refutação, qualquer sistema de crença religiosa, é apenas um preconceito do racionalismo. Nenhuma ciência ou filosofia teria podido dissolver ou aniquilar a religião grega antes de as suas raízes, no conjunto da vida grega, terem murchado e se terem constituído, independentemente de qualquer ciência, novas sementes de uma outra forma de religião. Na realidade, uma investigação atenta da *filosofia* e da *ciência* gregas mostraria, pelo contrário, que os objetivos que aí foram colocados ao conhecimento e o modo como foram postos, foram desde logo condicionados precisamente pelas mesmas instituições e atitudes valorativas fundamentais que dominavam do interior a *religião* grega. Porque o nível científico de uma época, nos seus métodos e na conexão interna das teorias entre si, por muito pouco que dependa do conteúdo da conceção religiosa do mundo, está, todavia – como o ensina uma comparação dos diversos níveis de ciência com as formas religiosas suas contemporâneas –, ele próprio determinado pela visão religiosa do mundo do seu tempo. Tem-se o cuidado de admitir isto para a escolástica, a ciência escolar da Igreja na Idade Média, mas para melhor o recusar à moderna ciência, que de bom grado se pensa estar livre de todos os pressupostos religiosos. Mas, de facto, foi apenas de pressupostos religiosos de um outro género – a saber, de um sentimento religioso de distância em relação ao mundo e de uma vontade ilimitada de o modificar e dominar – que resultaram os objetivos e os métodos da moderna ciência, como, por exemplo, a redução de todos os fenómenos a um mecanismo de movimentos.

O que vale para o todo vale igualmente para cada descoberta científica *particular*, em relação à crença religiosa. A Igreja, como nos ensina, por exemplo, a correspondência entre Galileu e o cardeal encarregado das operações da Inquisição, estava preparada para reconhecer o heliocentrismo de Galileu se ele não declarasse a teoria como «verdadeira», mas tal como ela é presentemente encarada pelos investigadores rigorosos: como um pressuposto sugerido pela lei de economia *(lex parcimoniae)*, para simplificação das equações astronómicas. O cardeal declara--o expressamente na sua carta a Galileu. Por outro lado, não foi como representante de uma teoria científica que Giordano Bruno foi queimado, mas como um metafísico religioso que procurava alicerçar as suas fantásticas ficções metafísicas (que, enquanto tais, quase nada têm a ver com a moderna ciência) na teoria copernicana, entre muitas outras. Como se sabe, a própria obra de Copérnico nunca entrou em conflito com a Igreja, pois o seu editor, que, num prefácio escrito após a morte de Copérnico, a dedicou ao Papa Paulo III, separa expressamente a questão acerca da «verdade» da questão acerca da economia e da conveniência da aceitação e referia-se à aceitação da teoria copernicana como sugerida apenas pela economia do pensar, tal como hoje diríamos.

Seria completamente errado aplicar somente às ciências da natureza esta proposição sobre a *impotência da ciência contra a religião* e negá-la no que se refere às ciências históricas. De facto, a ciência histórica, por exemplo, a crítica bíblica, parece condenar, pela indicação de contradições e do processo gradual de construção da obra, ao mesmo tempo que a crença no caráter inspirado desses escritos, o facto, também, de serem absolutamente dignos

DESAPARECIMENTO DA CRENÇA NA SOBREVIVÊNCIA DA PESSOA | 13

de crédito e, com isso, a crença de que são objeto. Mas uma tal conceção não vê que um documento religioso, por exemplo, a Bíblia, ou uma tradição, ou uma instituição, só podem ser vistos como objetos de uma reflexão histórica puramente racional, ou então os documentos religiosos como puras «fontes» de quaisquer acontecimentos, se o sentimento de veneração religiosa a cuja luz ou, se se quiser, a cuja obscuridade aparecem como «revelação» *se tiver já extinguido completamente por si mesmo*, ou se se tiver completamente voltado para outros conteúdos, a partir de novas tendências espontaneamente surgidas de vida religiosa. Então, a ciência pode perfeitamente ser o coveiro da religião, na medida em que torna objeto seu aquilo que já se extinguiu do ponto de vista religioso; nunca, todavia, é ela a causa da morte de qualquer forma de religião.

Nos últimos séculos, no interior da civilização europeia ocidental, vemos diminuir cada vez mais a *crença na imortalidade*.

Qual o motivo? Muitos dizem ser aquilo que denominam «progressos da ciência». Mas a ciência costuma ser apenas o coveiro e não o causador da morte de uma crença religiosa. Há religiões que nasceram, que se extinguiram e morreram; *não foram provadas nem demonstradas*. Seria certamente um grande erro pensar que o desaparecimento da crença na imortalidade resultaria de causas tais como a descoberta, por Kant, do caráter errado e inconclusivo das provas da imortalidade dadas pela metafísica racional do século XVIII; ou como o facto de a anatomia e fisiologia do cérebro, em ligação com a psicologia, terem descoberto uma dependência tão estreita dos acontecimentos psíquicos com o sistema nervoso que se torna necessário concluir que esses acontecimentos acabam quando o cérebro é destruído; ou o facto de a psicologia contrariar a unidade e a simplicidade do Eu e descobri-lo como um fenómeno complexo de sensações e impulsos, divisível, crescente e decrescente, como pensa Mach na sua *Análise das Sensações*, ao dizer que, com o abandono da hipótese, segundo ele infundada, de uma vida particular do Eu, também a imortalidade se torna «impossível de salvar». Estes argumentos e milhares de outros semelhantes, que são apresentados como fundamento para o desaparecimento daquela crença, provam apenas a grande tenacidade do preconceito segundo o qual uma crença repousa em provas e é refutada por provas. Na realidade, todos os factos que repousam em observações respeitantes à independência entre a vida da alma e os fenómenos do sistema nervoso central podem-se perfeitamente conciliar com as *mais diversas* teorias metafísicas sobre a relação do corpo e da alma. Os factos, portanto, não impõem, de forma alguma, uma conclusão obrigatória acerca da verdade ou falsidade de qualquer uma destas teorias metafísicas, desde que por factos se entenda, justamente, aqueles factos de observação. Tanto se podem conciliar como os pressupostos dualistas, segundo os quais a alma é uma substância autónoma e permanente, em ação recíproca com o corpo e comportando-se em relação a ele como o pianista com o piano, como conciliá-los com qualquer uma das chamadas «teorias paralelistas». Recentemente, Hugo Münsterberg, nos seus *Elementos de Psicologia*, demonstrou pormenorizadamente e salientou com razão que a observação, descrição e explicação dos factos psíquicos nunca pode conduzir à comprovação de uma destas teorias e que, pelo contrário, tem sempre uma delas como pressuposição. Aquilo que a filosofia apresenta como «provas» da existência de uma tal alma-substância particular, da sua simplicidade e incorruptibilidade, eram já também, antes de Kant, confirmações posteriores do conteúdo de uma intuição imediata e de uma experiência de vida não refletida; a necessidade de tais provas apenas se fazia sentir na medida em que a clareza e a nitidez desta intuição se desvanecia e aquela experiência de vida conduzia a outros conteúdos, devido à própria modificação da direção da vida.

A prova mais evidente desta afirmação é o facto de ter havido na história, e de ainda haver, níveis de cultura no interior dos quais a aceitação da sobrevivência e da imortalidade não é dada, de forma alguma, num ato particular de «fé», nem muito menos aparece como algo que necessita de demonstração, mas representa, verdadeiramente, uma parte da «visão natural do mundo», segundo a qual, por exemplo, qualquer indivíduo está hoje convencido da existência do Sol. Para o povo indiano, antes do aparecimento de Buda, a sobrevivência era uma «convicção» deste tipo, sob a forma de intuição de uma «peregrinação» infinita da alma e do seu incessante nascimento. A poderosa

DESAPARECIMENTO DA CRENÇA NA SOBREVIVÊNCIA DA PESSOA 15

inovação de Buda e dos seus predecessores consistiu no facto de se atrever a afirmar que *havia uma morte* (coisa que ninguém tinha ouvido até então), quer dizer, havia um fim, um término, pelo menos um término definitivo deste peregrinar incansável das almas; havia uma redenção em relação a este movimento infinito, presente até então na intuição popular, quer dizer, havia uma entrada da alma no «Nirvana». *Não foi*, por isso, *a imortalidade*, mas *a morte* que, de uma forma gradual, veio a ser descoberta e intuída no decurso da história indiana. O *ónus* da prova tornou-se aqui, portanto, o inverso do que acontecia na Europa. Em oposição à sobrevivência e à peregrinação «evidentes», encontrava-se a visão da morte, o desejo cada vez mais invencível de um fim, que irrompeu finalmente nas ideias de Buda sobre o Nirvana.

Hoje ainda, para o povo japonês, a sobrevivência dos mortos, independentemente da teoria que tem cada indivíduo isolado e das diversas religiões que aí existem, é um fenómeno que, como experiência sensível e palpável, apenas de forma secundária fundamenta a ideia puramente negativa de uma «imortalidade». Acreditamos que sobrevivemos porque acreditamos que somos imortais. Mas os *japoneses* acreditam que são imortais porque julgam sentir e experimentar a sobrevivência e a ação dos que sobrevivem. Quando, por exemplo, ouvimos um repórter sóbrio e rigoroso contar, a propósito da guerra russo-japonesa, que uma pequena quantidade de soldados japoneses, afastados do seu regimento, ao verem ao longe este em luta com uma força russa superior e a correr risco de sucumbir, se suicidaram para que pelo menos as suas almas pudessem ainda participar na luta; quando ouvimos dizer que o japonês, antes de um negócio importante, tem uma conversa com os seus antepassados diante do altar doméstico para saber o que pensar sobre o assunto; quando, no meio das notícias altamente realistas de um jornal, entre assuntos políticos diversos e outros temas, lemos que o Mikado agraciou um general falecido há dois meses com esta ou aquela Ordem ou título; vemos, a partir destes factos e de milhares de outros idênticos, que o modo como a existência dos mortos é dada aos vivos mostra uma forma de consciência totalmente diferente daquela que é chamada na Europa «crença

16 | MORTE E SOBREVIVÊNCIA

na sobrevivência dos mortos». Não se trata da «fé» em qualquer coisa, da aceitação crédula daquilo «que não se vê», mas de um ver fictício, de um sentir e de um notar a existência e a efetividade dos mortos; independentemente de todos os outros casos de recordação piedosa, trata-se da intuição, dada como que de uma forma automática, da presença e da realidade dos mortos no meio da execução e tarefas reais, postas pelo dia a dia e pelos negócios. *Não* se trata de lhes prestar homenagem de forma comemorativa e piedosa, como o homem europeu deve fazer por altura da sua festa dos mortos ou em outras ocasiões ou momentos festivos particulares, mas do sentimento *permanente* de estar rodeado pelos mortos que sobrevivem, de um sentir a sua efetividade e a sua ação interior nos assuntos quotidianos e na história. Os antepassados têm aqui o valor de fator histórico da mais alta importância. A profunda afirmação de Augusto Comte segundo a qual a história mundial, no seu decurso, seria cada vez mais determinada e dirigida pelos mortos e cada vez menos pelos vivos encontrou aqui uma corporização metafísica no pensamento de todo um povo. É muito interessante ver que o progresso cultural dos últimos decénios pode ter quebrado as diversas formulações dogmáticas e formas culturais desta intuição mais central do povo japonês (o chamado culto dos mortos), mas não o seu conteúdo intuitivo último.

Portanto, se procurarmos os últimos *fundamentos para o desaparecimento da crença na imortalidade* entre os povos de cultura *europeia ocidental,* devemos desviar o nosso olhar de todas aquelas manifestações meramente sintomáticas do seu desaparecimento, tal como as que são fornecidas pelas reflexões meramente científicas sobre ele. E devemos dirigi-lo para o modo e a forma principais como o homem moderno intui e experimenta a sua própria vida e a sua própria morte.

Resulta, então, esta situação à primeira vista notável: o que é determinante para o desaparecimento daquela crença na sobrevivência não é, em primeiro lugar, a nova relação particular do homem com a questão de saber se continuará a existir após a sua morte, nem do que haverá após a sua morte, nem qual o destino que aí lhe está reservado, mas, pelo contrário, a *relação do homem moderno com a sua própria morte.* O homem moderno acredita na multidão e, por esse facto, não acredita mais na sobrevivência, ou numa superação da morte por meio da sobrevivência, dado que já não vê mais diante de si a sua morte de uma forma intuitiva; dado que já não vive «face a face» com a morte. Ou, dito com mais rigor, dado que, pelo seu modo de vida e pelo seu tipo de ocupações, repele para fora da zona de claridade da sua consciência o *facto intuitivo*, continuamente presente na nossa consciência, de que a morte é certa para nós, até subsistir apenas um saber meramente *judicativo*: morre. Ora, onde a própria morte não é dada de forma imediata e onde o seu surgimento é dado como um saber judicativo e ocasional, deve também desvanecer-se a ideia de uma superação da morte pela sobrevivência.

O tipo «homem moderno» não se detém por muito tempo diante da sobrevivência, sobretudo porque, no fundo, nega a essência e o ser da morte.

Essência e «teoria do conhecimento» da morte

Para fundamentar a tese que se acabou de expor é necessário antecipar alguma coisa sobre a essência e «teoria do conhecimento» da morte, quer dizer, entrar na questão sobre o que é a morte, como é que ela nos é *dada* e que tipo de *certeza* temos acerca dela.

Existe hoje a ideia muito divulgada de que a nossa certeza acerca da morte é um mero resultado da experiência exterior, apoiada na observação e na indução, da morte dos outros homens e dos seres vivos que nos rodeiam. De acordo com este ponto de vista, alguém que nunca tivesse notado ou que nunca tivesse ouvido dizer que os organismos deixam de apresentar, ao fim de um determinado tempo, as «expressões vitais» que anteriormente lhes eram próprias e que, finalmente, se transformarão num «cadáver» ou se desintegrarão, não poderia ter nenhum saber da morte nem dispor da sua própria morte. Esta ideia, que transforma o conceito de morte num conceito genérico, extraído, de modo puramente *empírico*, de uma quantidade de casos singulares, deve ser decididamente contrariada. Uma pessoa saberia de qualquer forma ou modo que a morte a alcançaria, mesmo que fosse o único ser vivo sobre a Terra; sabê-lo-ia mesmo que nunca tivesse visto outros seres vivos sofrer aquela transformação que conduz ao aparecimento do cadáver.

Talvez agora se admita isto, mas para estabelecer que, mesmo neste primeiro caso, haveria, todavia, observações singulares da sua própria vida que tornariam «verosímil» para qualquer pessoa o fim do seu processo vital: o homem faz a experiência do envelhecimento. Perceciona também, independentemente desta manifestação de enfraquecimento das suas forças e dos resultados do adoecer e das doenças, determinados acontecimentos que, no seu desenvolvimento posterior, lhe deveriam sugerir o pressentimento do fim do seu processo vital. Por vezes, é um forte sentimento que o força a abandonar o contexto de sentido e de finalidade da sua vida desperta e a mergulhar no sono e no sonho; deve fazê-lo, embora com isso perca metade da sua vida. Apenas necessita como que de prolongar a direção da curva que lhe fornece cada uma destas experiências do envelhecimento, da doença e do sono para concluir que no seu termo se encontra a ideia da morte. Mas esta representação também não é suficiente para resolver o problema. Porque, de onde é que o homem retira o saber de que esta curva não prossegue ilimitadamente neste ritmo? Não é apenas na observação e na recordação comparativa de diferentes fases da vida, acrescentando-lhe uma tal antecipação artificial de um final «verosímil», que se encontra o material daquela certeza, mas já em *cada* pequena «fase da vida», por mais pequena que seja, na *estrutura* da sua experiência.

Certamente que o homem não necessita de ter construído nenhum conceito particular da morte. Este «saber» também não contém nada dos fenómenos anímicos ou corporais que precedem a morte, nada de todos os possíveis modos da sua realização, nada sobre causas e efeitos. Mas se se separar claramente a «ideia e essência» da própria morte de todos aqueles conhecimentos que, de facto, apenas se obtêm por experiência, ver-se-á então que esta ideia acerca dos elementos *constitutivos* não pertence somente à nossa consciência, mas, na verdade, a qualquer consciência vital. Pertence, de facto, àqueles elementos fundamentais da experiência que são particularmente difíceis para uma intuição isolada e que, para a nossa reflexão, surgem apenas como qualquer coisa de particular se conseguirmos abstraí--los por meio de uma espécie de experimentação mental, ou se

ESSÊNCIA E «TEORIA DO CONHECIMENTO» DA MORTE | 21

notarmos casos totalmente particulares em que são suprimidos. Comparemos então – depois da realização desta experiência mental, ou depois da observação de uma consciência em que tais elementos foram suprimidos – o resto da nossa experiência e o conteúdo da respetiva experiência ingénua, ou da experiência normal anterior. Veremos então, ao mesmo tempo que uma singular diferença entre ambas, o excedente em conteúdo da intuição que aquela experiência ingénua contém.

Deste modo, a filosofia intuitiva permite indicar, por exemplo numa perceção elementar e habitual, elementos muito diversos que passam em geral completamente despercebidos às antigas teorias sensualistas e racionalistas sobre a perceção. Assim, vemos claramente que, num objeto da perceção natural, é-nos dado muito *mais* do que um complexo de sensações sensíveis e sua ligação, e do que uma intenção de espera, construída a partir delas, de novas sensações em condições diferentes, ao vermos que a situação indicada se apresenta, no fundo, somente em deficiências de caráter patológico; nelas, aquele a quem isso acontece vê a coisa, por exemplo, apenas como um recipiente vazio e irreal e, por isso, não espera ver o outro lado das coisas contornando-as, tal como o indivíduo normal que admite que a coisa é algo de efetivo (com a inclusão dos seus outros lados). Para ele, pelo contrário, a existência dos outros lados torna-se já o conteúdo de uma mera espera. Imaginemos que, de repente, a «substância material» que acompanha sempre um objeto percecionado, por exemplo, uma esfera, é aniquilada; então é certo, como dizem Mill e Berkeley, que, nem à posição, nem à supressão de uma tal substância, por meio do pensamento, se liga qualquer modificação do conteúdo sensível da nossa perceção, mas antes uma variação na nossa experiência. Porque, de facto, encontramos no fenómeno então resultante um «flutuar» como que inconsistente das cores e formas ainda dadas que, em comparação com o conteúdo da nossa perceção ingénua, revela imediatamente aquele *plus* em conteúdo que se encontra nela e que constitui, precisamente, o facto fundamental para a formação do conceito de uma substância material. De modo análogo, os factos de cegueira mental, na qual todas as sensações podem estar presentes (e mesmo as recordações que uma perceção habitual também contém, por exemplo, a de uma faca) – de modo que o doente pode ainda, através de juízos e conclusões, afirmar que aquilo que vê é uma «faca» – ensinam-nos que a perceção normal de uma faca contém um *plus*, quer dizer, um conteúdo significativo imediato e, nessa medida, dado intuitivamente, do acontecimento, que não se funda em juízos subsumintes ou em conclusões.

Impõem-se aqui duas questões. Qual o saber acerca da sua *própria* morte que cada um de nós possui? Sob que forma se apresenta a essência da morte, na experiência *exterior* que fazemos dos mais variados fenómenos vitais? Uma resposta completa a estas perguntas pressuporia toda uma filosofia da vida orgânica. Aqui, apenas é possível pôr em evidência alguns pontos de vista particularmente importantes para a resposta.

Aquilo a que chamamos «vida», em sentido biológico, apresenta-se-nos como um único e mesmo facto, sob *dois* aspetos: como um grupo de *fenómenos peculiares de forma e de movimento, na perceção exterior* de homens, animais e plantas, *e* como um corpo, como um *processo* dado num particular *modo de consciência*, que se desenrola na base de uma constante essencialmente «presente», a saber, o corpo, como pano-de-fundo de todas as chamadas impressões orgânicas, e que é dado num peculiar modo de consciência. Dirijamos, primeiro, o nosso olhar para este último facto.

Seja o que for que este processo contenha, qualquer que seja – no tempo objetivo – a sua duração, contém, em cada momento indivisível do seu decurso, uma forma e *estrutura* peculiares, que pertencem à sua *essência*. Que, justamente por isso, deve ser a mesma, não só para o homem e todos os seres vivos terrestres, mas para todos os seres vivos possíveis em geral. Tudo depende do facto de observarmos corretamente esta estrutura, independentemente de todos os acessórios individuais, e de vermos se a *essência da morte não está já presente nela*. Se for assim, a morte não se encontra somente no fim do processo, mas no fim está apenas a *realização* mais ou menos ocasional desta «essência» que é a «morte». No fim, portanto, não está somente o puro *O quê* da própria morte, mas somente o seu ocasional «tornar-se morte», a sua efetivação em relação a este ou àquele indivíduo.

ESSÊNCIA E «TEORIA DO CONHECIMENTO» DA MORTE | 23

A ser assim, deveríamos dizer: a morte é um *a priori* de toda a experiência de observação ou indutiva, relativamente ao conteúdo mutável de cada processo vital.

A estrutura de cada fase ocasional (pontual) do processo vital contínuo e da consciência interna dele, contém agora *três dimensões* peculiares do conteúdo que se encontra em cada fase. Estas dimensões são o presente, o ser-passado e o ser-futuro imediato de qualquer coisa, X, Y, Z (de conteúdo variável); nelas encontram-se três diferentes modos de atos correspondentes, nos quais estes X, Y, Z são dados: *perceção* imediata, recordação imediata e espera imediata. Em cada possível conceção de uma coisa, de um processo, de um movimento, de uma modificação da natureza, tal como em cada experiência interna de uma chamada vivência psíquica, estão contidas estas três dimensões e os atos que lhes pertencem. Eles são totalmente diferentes de todas as perceções, recordações e esperas *mediatas*, realizadas por meio de um raciocínio ou de uma reprodução ou associação mediadora. O facto de termos um passado, ou o facto de termos um futuro, não é apenas aberto ou meramente avaliado tendo por base as funções simbólicas das chamadas «imagens de espera» ou «imagens de recordação» que estariam contidas, em primeiro lugar, no «ser-presente»; pelo contrário, experimentamos e vemos em cada momento indivisível do nosso percurso vital «qualquer coisa a fugir» e «qualquer coisa a aproximar-se». Além disso, tanto o conteúdo da recordação imediata como o conteúdo da espera imediata é dado como efetivo na nossa vivência presente (e não de antemão como representação).

Mas observemos com atenção a relação desta estrutura com o *tempo objetivo*, para onde – em primeiro lugar – transferimos as coisas *mortas* e os acontecimentos, que a mecânica define e que a astronomia e a teoria da luz medem com a ajuda do espaço: neste tempo não se encontra nenhum vestígio da estrutura da realidade viva. No *epos* do tempo objetivo (permita-se-nos a utilização desta imagem) não aparece o caráter dramático dessa estrutura. Não faz nenhum sentido afirmar se uma tal equação mecânica está no passado ou no futuro. Desloquemos para mais adiante, no tempo objetivo, o corpo de um ser vivo (a carne), tal como o devemos fazer; de forma alguma o conteúdo se reparte em ser-passado, ser-futuro e ser-presente, numa pluralidade de momentos objetivos do tempo objetivo, mas, em *cada* indivisível momento de tempo, está presente a *totalidade* do conteúdo, assim repartida: T (totalidade) = P+Pr+F. Mas cada uma destas partes tem agora uma extensão (P tem E, Pr tem E_1, F tem E_2). É nestas extensões que se divide a respetiva extensão total T do tempo vivido em cada momento do tempo objetivo. Esta «extensão» total aumenta com a evolução do homem. O olhar da pura intuição abrange, em cada momento, esta extensão total T em crescimento e o seu conteúdo em mudança.

Mas é esta extensão total que, com o progresso objetivo do processo vital, se *divide novamente* numa *direção* característica, direção essa que apresenta de novo um específico dado vivência. A amplitude de conteúdo na extensão deste passado P e a efetividade posterior, imediatamente vivida, deste conteúdo passado, cresce incessantemente, enquanto, ao mesmo tempo, a amplitude de conteúdo na extensão do futuro imediato F e a efetividade deste conteúdo decrescem *incessantemente*. Mas a extensão do ser-presente torna-se, cada vez mais acentuadamente, como que «comprimida» entre ambas as extensões. Portanto, com o aumento da quantidade de vida que é dada em cada momento como vivida e com a sua efetividade posterior, *diminui* a quantidade do poder viver, tal como ele existe na esfera imediata de vida. As extensões do ser-presente fenomenal tornam-se, assim, de um momento objetivo de tempo para outro, cada vez mais pequenas, embora o conteúdo total se alargue, como muito claramente acontece em diversas e percetíveis fases diferenciadas da vida: para a criança o presente é um largo e claro plano do ser mais variado. Mas este plano diminui com cada progresso do processo vital. Tornar-se-á cada vez mais estreito, cada vez mais comprimido, entre a efetividade posterior e a efetividade passada. Para o jovem e o adolescente, o futuro oferece-se como um caminho brilhante, longo e claro, estendendo-se a perder de vista; é um espaço-de-jogo de grandes proporções, sob a forma vivencial do «poder viver», no qual desejos, ansiedades e fantasias representam milhares de formas. Mas, com cada momento de vida que é vivido e dado como vivido na sua efetividade imediata, estreita-se de forma sensível este espaço de jogo da vida que ainda se pode viver. O espaço-de-jogo do seu poder viver diminui em poder e em abundância e o peso da efetividade imediata torna-se *maior*. É este o motivo porque, independentemente dos argumentos lógicos a favor ou contra ele, o *determinismo*, para os mais velhos – segundo a expressão de Windelband – está mais próximo do que a doutrina da liberdade. E é justamente isto que diz Henri Bergson quando, na sua investigação sobre filosofia da biologia, se agarra à imagem pouco compreendida segundo a qual o passado como que morde o futuro, cada vez com mais força.

Reunamos agora e unifiquemos numa única perspetiva aquilo que foi apresentado. Não saímos de um único momento de vida no interior do tempo objetivo – e que não deverá ser o nascimento ou a morte –, não comparamos, nem induzimos; detemo-nos agora na sua estrutura. Então, vemos ainda, em qualquer desses momentos, a *direção tendencial da mudança* relativa de amplitude de extensão, que é própria da extensão total crescente T da vida. E esta direção é uma absorção constante do que é possível viver como futuro de vida disponível, através da vida vivida e da sua efetividade. Tal direção é também um crescimento da extensão do ser-passado à custa da extensão do ser-futuro e uma crescente consciência diferencial de ambas as extensões a favor da extensão do ser-passado. Nesta estrutura diferencial de cada momento vital experimentado existe agora a vivência da direção desta mudança, que pode ser chamada também vivência da *direção da morte*. Mesmo que não notássemos a nossa idade, nem pela perceção externa das nossas rugas e cabelos brancos, nem pela modificação das nossas sensações vitais (por exemplo, pela sua diminuição), teríamos ainda a certeza dela por meio desta vivência. Porque uma coisa é certa: se a quantidade total da vida continuamente dada estivesse de tal modo repartida que a amplitude da extensão do futuro se tornasse nula, estaria assim naturalmente dado o que acontece com a morte natural. E o motivo de isto acontecer reside, precisamente, segundo uma necessidade essencial, nesta vivência da direção. Reside, segundo uma necessidade essencial, em cada experiência possível da vida pessoal, de forma totalmente independente da organização do vivente e de qualquer conteúdo

MORTE E SOBREVIVÊNCIA

ou de qualquer estruturação deste processo em fases (como acontece com a infância, puberdade, crescimento ou deperecimento humanos), que se alteram de espécie para espécie e que, no interior das raças humanas, variam de situação e duração temporal. E, da mesma forma, esta experiência é independente da esperança e do receio da morte e também do impulso de vida ou de morte.

Também isto é claro: independentemente do modo como possa existir o limiar de perceção desta vivência da direção da morte e mesmo que somente se possa tornar subjetivamente claro para nós e para o nosso conhecimento judicativo por comparação com fases posteriores do processo vital, a vivência está sempre presente; e a constante modificação factual da diferença, cuja direção se encontra já em cada momento indivisível, é o fenómeno fundamental do envelhecimento, a *essência do «envelhecer»*, que não existe para o mundo inorgânico e que, seja qual for o modo como é dada, está pressuposta em qualquer questão acerca das *causas* do envelhecimento e das suas modalidades de aparecimento.

Quase não é preciso dizer que o envelhecimento é algo de completamente diferente da mera *duração* de uma coisa no *tempo objetivo*. As coisas inanimadas não «envelhecem» em sentido rigoroso e quando falamos do envelhecimento da Terra, ou do envelhecimento de uma casa, ou de uma «rocha que se desagregou», concebemos involuntariamente todas estas coisas como mais ou menos vivas, ou relacionadas com valores vitais. Se indicarmos a idade de um indivíduo em números, esta artificial indicação da idade (como me atrevo a chamar-lhe) tem muito pouco a ver com a sua *idade natural*. Porque a sua idade natural é somente a fração da sua vida que já viveu, em relação com a sua morte natural vindoura, que, segundo o «ímpeto total» mutável da vitalidade de cada um, pode ser mais ou menos adiada em número de anos. Como cada espécie tem um limite de idade natural muito diferente, que não concorda inteiramente com a simples média da idade vital, também cada indivíduo tem um limite que lhe é próprio e, por isso mesmo, *a sua morte natural* (em condições vitais ótimas). Tal como há seres idosos efémeros e elefantes jovens, que vivem durações

ESSÊNCIA E «TEORIA DO CONHECIMENTO» DA MORTE | 27

completamente diferentes do tempo objetivo, de sete horas a centenas de anos, assim há também pequenas diferenças entre indivíduos da mesma espécie, por exemplo, o homem. É isto que torna também compreensível que possamos, com perfeito sentido, dizer de alguém, que é muito mais novo do que a idade que tem (pensa-se na idade artificial), ou que, para a sua idade, já está demasiado envelhecido.

Pensemos, então, num homem que não possuísse qualquer saber acerca do dia do seu nascimento e do número de anos que vivera até então. Suponhamos a seguinte experiência: tal indivíduo não via que lhe apareciam sinais exteriores do seu envelhecimento; admitamos mesmo – e isto acontece parcial-mente, uma vez por outra – que ele estava anestesiado contra todas as sensações orgânicas e, portanto, também contra sen-sações complexas, como a sensação de cansaço; suponhamos que nunca estivesse doente. Pergunto: este homem não teria, então, nenhuma consciência da sua idade? Respondo: sim, teria; possuiria (apesar de não ter qualquer medida para a sua idade), todavia, uma consciência dela; e possuí-la-ia no sentimento da sua vida, cujo ímpeto – um sentimento que, de forma alguma, se identifica com as suas sensações orgânicas mutáveis, ou com a soma de todas elas – estaria ligado, por um lado, com a vivência da orientação em direção à morte e, por outro, com a relação que existe, em cada caso, entre a sua esfera de recordação ime-diata e a sua esfera de espera. E é somente esta idade natural assim vivida, esta *sua* idade, que é o fundamento *intuitivo* último do conceito de «idade» em geral. Não é relativo, como cada medida conceptual da idade, é algo de absoluto, que todas as determinações de idade, consistentes em critérios de idade e em medidas objetivas de tempo, *pressupõem* como sua realiza-ção última. Por isso, cada um tem, no sentido mais rigoroso, a sua morte natural e a sua idade natural, independentemente das particularidades das condições ambientais, que condicio-nam as suas manifestações factuais de idade e a sua morte factual.

A morte não é, portanto, um mero elemento empírico estável da nossa experiência, mas pertence à *essência* da experiência de cada vida (e também à nossa própria experiência) o facto de estar dirigida para a morte. A morte pertence à forma e à estrutura na qual, somente, cada vida nos é dada, a nossa tal como a dos outros, e isto *tanto do interior como do exterior*. Ela não é um quadro que é ocasionalmente acrescentado à imagem de processos psíquicos ou fisiológicos isolados, mas um quadro que pertence a essa própria imagem e sem a qual ela não seria a imagem de uma *vida*. Retiremos (como experiência mental) de qualquer fase da nossa vida a *certeza intuitiva da morte*; como consequência, resultaria imediatamente uma atitude diante de todo o futuro que já não teria mais qualquer semelhança com a nossa atitude efetiva. Veríamos então a nossa própria vida diante de nós como um processo que avançaria constantemente e, por natureza, ilimitado; e cada uma das nossas vivências empíricas seria vista, devido à ausência de perspetivas da nossa esfera de espera, como *diferente* e cada comportamento nosso seria, neste caso, diferente em relação àquilo que de facto é. Mas um processo deste tipo não permitiria também apresentar, na experiência externa, a unidade e a totalidade sem as quais a experiência sensível e a observação de cores, linhas e formas não podem, de forma alguma, tornar-se o sinal de um processo vital. Um processo deste tipo misturar-se-ia continuamente com todos os outros processos ao seu redor e nunca se destacaria como precisamente o faz aquela unidade de duração que pertence à natureza de um processo vital. Mas *não* é assim que vivemos a nossa vida ou a dos outros, e mal poderíamos imaginar há um minuto que a viveríamos assim. Pelo contrário, a nossa vida está-nos interiormente presente, em cada momento, como uma *totalidade fechada*, sob cujo fundo aparecem todas as vivências e destinos particulares. E está ela própria presente independentemente do envelhecimento, embora não o estejam nem o momento nem o modo do seu fim. Da mesma forma, temos permanentemente presente a efetividade do Universo como um *todo*, por mais pequeno que seja o elemento do mundo que percecionemos com os sentidos, no momento presente. E como esta consciência unificada do mundo e da realidade não deve ser nunca reconduzida a uma mera «ligação» posterior de cada conteúdo percetivo isolado, mas constitui o pano-de-fundo intuitivo de cada perceção, precisamente por isso, cada experiência de vida que fazemos em nós mesmos aparece-nos sobre o pano-de-fundo de uma unidade vital fechada, temporalmente, pela frente e por detrás e, enquanto tal, presente em cada vivência.

Nisto se baseia o facto de, enquanto tal, a morte não nos poder fazer frente, por natureza, como um acontecimento *ocasional*, com o qual esbarramos como que por acaso, como se fosse um muro em que embatemos caminhando às escuras. Mesmo que, para certas épocas históricas, a morte pareça ser efetivamente dada de um modo semelhante a este, tal facto não é algo que esteja situado na natureza da consciência. Pelo contrário, repousa numa *causa particular* que desvia aquela certeza natural da morte da atenção e do juízo. Porque se a morte, pela sua própria natureza, não fosse dada senão como um tal «muro», se consistisse apenas num esmagamento do ser vivo por estímulos exteriores prejudiciais à vida e pelas suas consequências, não se poderia de forma alguma dizer que ela é um facto de que cada indivíduo pode fazer a experiência. Então, seria de aceitar, realmente, aquela arguta proposição dialética de Pródico e Epicuro: «Como posso temer a morte? Se eu existo, a morte não existe, e se ela existe, eu já não existo.» Esta fórmula famosa é dialética precisamente porque a morte não é pressentida indutivamente como provável com base na simples experiência que fazemos de outros seres vivos, mas porque é um elemento necessário e evidente em cada possível experiência interna do processo vital.

Abordemos agora a experiência *externa* da morte, que fazemos com seres vivos diferentes de nós. Também aqui a experiência não consiste num tal embater. O fenómeno da morte pode perfeitamente produzir-se devido à ação de uma tal causa destruidora, tal como é também possível, exteriormente, como uma morte que se manifesta como «catastrófica», como quando alguém é fuzilado ou apanhado por um raio. Mas é necessário que, neste mesmo fenómeno, o limite posto pela morte ao processo vital seja sempre dado, de algum modo, como posto pelo próprio processo vital.

Cada forma viva distingue-se, como forma espacial, de todas as formas inanimadas pelo facto de os seus limites em relação ao mundo exterior e de as leis de modificação destes limites, em crescimento e movimento constante, nunca aparecerem definidos, de forma evidente, apenas através de modificações e movimentos simultâneos do mundo circundante e dos seus efeitos sobre o organismo. Somente assim podemos distinguir seres vivos de seres inanimados. A observação não nos diz isto; mas chamamos «vivas» àquelas coisas em que esta situação se mostra. Uma parte do nosso mundo circundante *tem* mundo circundante. Em contraste também com os cristais (inclusive com aqueles que se diz que parecem vivos), que possuem igualmente uma forma própria que se move e flui – quer dizer, não têm uma forma condicionada e posta unicamente pelo exterior –, a forma viva possui, além disso, um tipo próprio de movimento a partir de si mesma, ou seja, a partir de um centro dado na intuição e não localizável. Mas é exatamente por isso que o ser vivo também tem uma unidade de forma no tempo, que lhe é essencial e tem a sua origem numa totalidade. Por este motivo, a morte não é um simples desaparecimento relativo de uma coisa, quer dizer, um «perecer» que, tal como no conjunto da natureza inorgânica, é sempre relativo ao permanecer de outra coisa. O mesmo processo inorgânico, de acordo com os cortes que podemos artificialmente e ocasionalmente fazer, com o nosso entendimento, na continuidade objetiva dos processos, pode ser concebido ora como «desaparecimento» ora como «permanência». Estes factos, precisamente, são expressos por diversos princípios de conservação. Mas a morte apresenta-se-nos como um *desaparecimento absoluto* de qualquer coisa que, de forma alguma, pode ser considerado como o surgimento de outra coisa.

Por isso, dizemos que o perecer que acontece com a morte é ainda, de certo modo, uma ação, um *actus do próprio ser vivo*. «Morrer a sua própria morte» é ainda um ato que pertence à série dos atos vitais, independentemente do modo como este ato possa ser provocado por causas externas de natureza catastrófica. É notável que este facto intuitivo, simples e grandioso, de cada morte dever ocorrer num último ato de vida, não tenha sido salientado tantas vezes e de forma tão enérgica senão por Goethe.

ESSÊNCIA E «TEORIA DO CONHECIMENTO» DA MORTE | 31

Numa conversa com Falk, em 1813, Goethe expõe, pormenorizadamente, em primeiro lugar, o facto de a morte de forma alguma poder ser representada como um simples ser dominado, dado que pertence à essência da morte o próprio ser vivo realizar o ato de morrer. «Mas como!» – exclama Falk. – «Você fala da morte como se ela fosse um ato de independência.» Goethe responde: «O momento da morte (...) encontra-se justamente aí onde a mónada principal reguladora alivia dos seus preciosos serviços todas as que até então eram suas subordinadas. Tal como o nascimento, encaro a morte como um ato autónomo desta mónada principal, cuja essência própria nos é totalmente desconhecida. É evidente que este ato sobrevém em rigoroso acordo com uma lei e não de modo arbitrário e, como é evidente, não tem a mínima relação com atos voluntários.» Aproximemos ainda de Goethe o mais filosoficamente consciente de todos os grandes biólogos, Karl Ernest von Baer; frequentemente, ele dá a definição seguinte: chamam-se seres vivos àqueles seres que podem morrer. Poder-se-á dizer ainda com um pouco mais de exatidão: os seres vivos são seres que nascem e morrem de modo absoluto e não relativamente ao sujeito da observação, tal como os seres inanimados.

Uma investigação fenomenológica mais profunda permitiria mostrar que este facto já se encontra no *fenómeno* do movimento vital, independentemente do facto de se tratar de um movimento efetivo ou aparente, como, por exemplo, um repuxo. Aqui, posso apenas dar algumas indicações: em cada movimento vital, a modificação de lugar ou de forma é imediatamente dada como consequência de uma *tendência* e cada entrada em repouso como consequência do afrouxamento de uma tendência; cada deslocação a partir de um ponto é considerada a realização de uma tendência. É o inverso do fenómeno do movimento inanimado. Acertadamente, o físico Volkmann salientou que a mecânica completamente errada de Platão, que, ao contrário do princípio de Galileu, aceitava o esgotamento do movimento inanimado e, por esse motivo, fala da extinção do movimento de uma pedra posta em movimento, e, mais ainda, a mecânica de Aristóteles, que tudo define, inclusive o movimento inanimado, como «realização de uma tendência» e distingue o movimento

32 | MORTE E SOBREVIVÊNCIA

«para cima» do movimento «para baixo» (o «movimento natural»), consistem em conceber o movimento inanimado por analogia com o movimento vital. O facto de o princípio dominante desde Descartes conceber, inversamente, o movimento vital como uma mudança de lugar, por analogia com o movimento inanimado, e não ser menos errado do que a unilateral visão organológica da natureza, o futuro encarregar-se-á de o mostrar.

É tocante ver em quantas milhares de formas, no decurso da história do homem, se consumou a descoberta do fenómeno da morte como desaparecimento absoluto. Dos milhares de testemunhos, menciono apenas um([1]). Os Dinka do Nilo superior cantam deste modo:

> *No dia em que Deus criou todas as coisas,*
> *Criou o Sol;*
> *E o Sol nasce e põe-se e regressa de novo.*
> *Criou a Lua,*
> *E a Lua nasce e põe-se e regressa de novo.*
> *Criou as estrelas,*
> *E as estrelas nascem e põem-se e regressam de novo.*
> *Criou o homem;*
> *E o homem surge, aparece na terra*
> *E não regressa mais.*

Portanto, tal como na experiência externa, o fenómeno da morte apresenta um modo peculiar de término que é totalmente independente da natureza particular dos organismos, assim também, para a consciência, a morte é dada de um modo que não se pode comparar com qualquer saber de tipo experimental. A morte efetiva apresenta-se constantemente – no que respeita ao momento e ao modo do seu aparecimento – como uma confirmação imprevisível de uma *certeza intuitiva* que é um elemento de qualquer vivência. Sob a forma desta certeza, a morte não se encontra no fim real da vida (neste caso, seria apenas uma espera deste fim, fundamentada na experiência de outros seres), mas acompanha a totalidade da vida como elemento permanente

---

([1]) Cfr. Leo Frobenius, *Die Weltanschauung der Naturvölker,* Weimar, 1898.

ESSÊNCIA E «TEORIA DO CONHECIMENTO» DA MORTE | 33

de todos os seus momentos. Esta própria certeza intuitiva da morte é totalmente diferente do sentimento de aproximação da morte, como sucede em muitas doenças. Também nada tem a ver com o facto de saber se nelas a morte é dada como algo que se espera, ou como objeto de medo e angústia. Tudo isso são já conteúdos ocasionais muito particulares e mutáveis da experiência vital de indivíduos diferentes, que se referem sempre, em momentos determinados, a formas particulares de realização da morte e reagem àquela ideia com formas de comportamento diversas e sujeitas à mudança. Aquela *certeza intuitiva da morte* é muito mais profunda do que aqueles sentimentos e, enquanto tal, não se encontra de forma alguma acompanhada de um qualquer tipo de estado afetivo. Trate-se de uma espera amorosa e ansiosa, receosa e angustiada, horrorizada ou tranquila, com a qual reagimos à morte; concebamo-la mais sob a impressão da inconsistência ou ligeireza da totalidade da nossa vida, ou de plenitude e amplitude da existência; tudo isso é aqui secundário e depende da organização particular do indivíduo em questão. Tanto quanto devemos atribuir em geral a todos os seres vivos uma forma de consciência – e penso, com Jennings, que tal é necessário –, devemos igualmente atribuir-lhes um certo tipo de certeza intuitiva da morte.

Sendo então a experiência da morte um elemento constante de qualquer experiência de vida, há, todavia, uma grande amplitude de variações quanto ao grau de clareza e nitidez que a ideia da morte tem para os homens e quanto ao grau de interesse e atenção que dedicam a este assunto. Há, portanto, modos e graus completamente diferentes para o papel que *efetivamente* joga a ideia da morte nos homens, nos grupos e nas épocas, e modos infinitamente diversos de interpretar e conceber o fenómeno da morte; nesses modos, porém, há formas de relação variadas, tais como o medo, a espera silenciosa ou a submissão. Mas, acima de tudo, há consideráveis *obscurecimentos ou iluminações* deste saber sobre a morte, o que é igualmente válido para a consciência total das épocas históricas. Se, por consequência, a evidência da morte é um elemento constitutivo da experiência da vida, então, a sua ausência factualmente encontrada não pode ser uma deficiência ocasional. Onde deparamos com uma ausência deste género, deve encontrar-se, pelo contrário, uma causa positiva para o obscurecimento desta certeza. Mas uma tal causa é um *recalcamento* da ideia da morte, que surge, por seu lado, da impossibilidade de dominar este pensamento e de não nos podermos conformar com a morte.

Devem distinguir-se *duas formas* deste recalcamento. Há um recalcamento da ideia da morte que apresenta, até certo ponto, um fenómeno *universal e normal* da natureza humana. E este fenómeno é, sem dúvida, de elevada utilidade vital. É somente através da expulsão da ideia da morte da zona da clara consciência desperta que se intensifica, para as ações proveitosas singulares dos homens, aquela «seriedade», peso e significado que lhes faltariam se o pensamento da morte estivesse sempre presente na consciência de forma clara e evidente. Não tomaríamos certamente tão a peito, nem daríamos tanta importância às nossas ocupações diárias, ao nosso trabalho, às nossas preocupações terrenas e também a tudo o que serve a manutenção e o prosseguimento da nossa vida individual – agindo, sem dúvida, de modo grotesco para um observador imparcial, por exemplo, divino – se tivéssemos continuamente presente a morte e a brevidade do tempo que aqui temos que permanecer. Também a experiência parece mostrar que, em geral, a tendência para este recalcamento aumenta à medida que nos aproximamos factualmente da morte. O modo como os homens, à medida que envelhecem, resistem à ideia da sua morte próxima, é um facto que causa a maior admiração; fazem-no, certamente, até um determinado ponto crítico onde, como Metschnikoff mostrou há alguns anos, o instinto de vida é substituído por um autêntico instinto – e não uma «vontade» – de morte. Portanto, diante do papel diminuto que o claro e completo pensamento da morte joga na vida normal, não podemos admitir que se trata de uma forma vulgar de falta de memória ou de desatenção em relação aos acontecimentos que podemos esperar tendo por base a nossa experiência. Pois considere-se, ao mesmo tempo, o poder inabitual com que cada ser, enquanto o impulso vital permanece, persiste na existência e se agarra à sua vida, e, ao mesmo tempo, a brevidade da vida e a absoluta e irrevogável certeza do encontro com a morte, que é absolutamente incomparável a

ESSÊNCIA E «TEORIA DO CONHECIMENTO» DA MORTE | 35

qualquer outra certeza relacionada com acontecimentos futuros; considere-se a intensa reação de pavor, que aumenta com a clareza da ideia da morte, enquanto dura o impulso vital; ver-se-á então que a grande tranquilidade, ou mesmo serenidade, e o peculiar sentimento de segurança com o qual homem e animal vegetam é um dos fenómenos mais particulares e mais dignos de admiração. É o que exprimem, de uma forma profunda e bela, os antigos versos alemães:

> *Vivo, mas não sei quanto tempo,*
> *Morro, mas não sei quando,*
> *Viajo, mas não sei para onde:*
> *Espanto-me por estar tão alegre.*

Se considerarmos como há outras coisas – que são sentidas como males menores, que acontecem com muito menos certeza e que são afastadas por um tempo objetivo tão longo quanto a presumível duração da nossa vida – que ganham poder sem serem representadas em atos de espera mediatos particulares e sobrecarregam o estado de espírito presente, para o iluminar ou obscurecer; deveríamos esperar então – de acordo com as mesmas leis e as mesmas proporções, e tendo em conta uma tal impressão em face da grandeza, da amplitude, da certeza e do pavor desmesurado diante deste mal (sentido como tão grande) que a morte representa – uma carga invulgar e universal do estado de ânimo presente. Só uma *repressão geral* da ideia evidente da morte através de um impulso vital torna possível aquele fenómeno a que poderia chamar a *«leviandade metafísica»* do homem: precisamente aquela tranquilidade e «alegria» invulgares, tão finamente reproduzidas nos referidos versos, em face do peso e da evidência do pensamento da morte. Um ser que, em cada instante da sua existência, tivesse diante dos olhos a evidência da morte de que faz a profunda experiência viveria e agiria de forma totalmente diferente do homem normal. Para este, são sempre necessárias poderosas ocasiões externas que façam, por uns momentos, aumentar um pouco aquela clareza.

Mas, distingue-se deste recalcamento natural da ideia intuitiva da morte aquele que pertence à grande imagem genérica do «*homem moderno europeu ocidental*», considerado como tipo coletivo. Este tipo, que, desde o final do século XIII, lentamente, domina pelo seu trabalho e acede, gradualmente, ao capitalismo primitivo, é, apesar das suas variedades nacionais e das suas variantes, um tipo único, rigorosamente circunscrito: e circunscrito pela «*estrutura da sua experiência*». Desta estrutura vivencial do homem moderno, retiro apenas um elemento: o *trabalho* e o *lucro* que, para os tipos mais antigos, eram atividades voluntárias, mais ou menos ditadas pelas necessidades da vida, tornam-se, para ele, de caráter impulsivo e, por isso mesmo, ilimitadas[2]. O que este tipo, em média, intui e pensa acerca das coisas e o modo como o faz tornaram-se uma consequência do que vê nelas e do modo como as maneja. Na totalidade histórica dominada por este tipo, o poder resulta cada vez mais da riqueza, e não mais a riqueza, como acontecia no auge do domínio senhorial, do domínio do poder político. A unidade de casta perde cada vez mais a sua primazia diante da «unidade de classe» e as formas de organização político-jurídicas começam a transformar-se em função das estruturas económicas, e não o inverso, como nos períodos anteriores. Este tipo engendra crianças em função do seu próprio grau de pobreza (o que para ele significa «desespero») e isto já não é mais para ele a festa das festas. O número de crianças e a intensidade do instinto de reprodução torna-se dependente da estrutura económica. Entre Deus e o mundo, entre o rei e o povo, entre a alma e as sensações (Descartes), destroem-se as forças e poderes intermédios e, acima de tudo, as transições harmoniosas: hierarquias, estado social, estruturas da alma. As antigas relações de lealdade e de crença dissolvem-se em contratos arbitrários e todas as comunidades imediatas de vida se dissolvem em sociedades em que os interessados tudo sujeitam ao cálculo. Para o tipo moderno, «pensar» torna-se «calcular» e o corpo vivo torna-se um corpo entre outros, uma parte do mecanismo universal do mundo dos corpos. Para ele, a vida é um caso limite de complicações da matéria morta e todos os valores vitais têm tendência a ser subordinados ao útil

---

[2] Cfr. W. Sombart, *Der moderne Kapitalismus*, e ainda os estudos de Max Weber sobre Calvino.

ESSÊNCIA E «TEORIA DO CONHECIMENTO» DA MORTE | 37

e ao mecânico, no domínio da moral e do direito. Pelo facto de não se poderem calcular qualidades, formas e valores e porque a estrutura vital deste tipo humano contém a orientação de que é real o que é calculável, o que pode oferecer «segurança» e garantia, tal tipo afirma que qualidades, formas e valores «não são reais», são subjetivos e arbitrários. O mundo é agora objeto da eterna *angústia* e não mais aquele «acaso» agarrado de modo ousado e alegre. A angústia encerra a possibilidade de calcular o curso da vida e constitui o *a priori* essencial do orgulhoso «cogito ergo sum». A vida corajosa, outrora o traço essencial dos dominadores, torna-se uma característica do aventureiro. Para este tipo e para o seu sentimento vital, o mundo já não é mais a «terra natal» acolhedora e orgânica, mas torna-se um frio objeto de cálculo e de agressão pelo trabalho; o mundo não é amado e contemplado, mas aquilo que deve ser avaliado e trabalhado. A mercadoria é um meio de troca para fazer dinheiro, já não é o dinheiro que serve de meio para obter mercadorias de qualidade. A relação, a «lei» como relação de grandeza constante, aparece, nesta conceção do mundo, antes do «que», das coisas e das formas. Procura-se explicar o estado, a alma (na psicologia associacionista) e o organismo como se fossem mecanismos e o «equilíbrio europeu», sem organização dirigente e condutora, torna-se o objetivo da política europeia.

Estes novos impulsos (tornados instintos) de trabalho e de lucro sem limites são aquilo que, antes de mais, funda uma *nova atitude interior total diante da morte*; e é só daqui que resulta também, como consequência acessória, a ideia que faz da morte a ciência própria deste novo tipo humano. Este novo tipo já não receia a morte, como acontecia com o homem antigo; mas, o seu impulso ilimitado de trabalho e de lucro, tal como o impele para além de qualquer contemplação ou gozo de Deus e do mundo, também o narcotiza, de forma totalmente particular, contra o pensamento da morte. A queda no redemoinho das ocupações, em benefício do próprio estar ocupado, é, como Blaise Pascal já dizia, o novo e questionável remédio que, para o moderno tipo de homem, reprime a clara e evidente ideia da morte e transforma a ilusão num decurso indefinido da vida na posição-de-fundo imediata da sua existência. Este inédito estar-ocupado não engendra qualquer sentido ou finalidade, mas é como se a agitação do seu aparelho psicomotor – como consequência de uma consciência profunda da indignidade de ser e do desespero metafísico que este novo tipo humano possui – apenas configurasse para si mesma, posteriormente, como sentido manifesto da sua existência, o impulso para o trabalho e o lucro ilimitados; e como se o correlato moral de valores, a saber, o chamado *«progresso»*, o progresso sem finalidade e sem sentido, o progresso em que o progredir, como Sombart mostrou, se toma no sentido da progressão, se transformasse em sucedâneo da vida eterna.

Quanto mais este homem moderno «faz um cálculo» diante da morte e se protege de mil maneiras em relação a ela, tanto mais a morte *não existe verdadeiramente para ele de modo intuitivo*: ele não vive «perante» a morte. Jamais um juízo permite suprimir uma ilusão, seja ela positiva ou negativa. Uma vara dentro de água permanece quebrada, mesmo que eu saiba que está inteira. Uma ilusão, positiva ou negativa, permanece, quer eu julgue que o assunto em questão é real ou irreal, quer eu conte com ele quer não. Mas a inexistência da morte é, efetivamente, uma forma de ilusão negativa, própria da consciência do moderno tipo de homem. A morte já não é mais temida por si mesma, porque a sua ideia é *posta de lado*, é afastada pela mesma angústia vital que leva a submeter ao cálculo o decurso da vida. Para o novo tipo humano, a morte não é, nem um adolescente que transporta um facho, nem uma parca, nem um esqueleto. Ele é o único que não encontra um símbolo para a morte, pois a morte já não está presente para a experiência vivida. Este homem novo comporta-se, efetivamente, como se correspondesse àquele silogismo, um pouco pueril, dos livros de lógica, ao interpretarem Mill: o senhor X morrerá porque o duque de Wellington e outros também morreram, o que «registámos» na fórmula: «todos os homens são mortais»! A morte deve ser, não uma verdade *essencial*, válida para todos os homens na medida em que pertence à essência da vida, mas uma «indução».

Não admira que o surgimento da morte não mais apareça como o preenchimento necessário de um sentido vital, mas faça abrir de espanto os olhos de todos os que se encontram envolvidos nela, tal como acontece quando alguém esbarra com a cabeça numa parede. A morte recalcada, a morte «presente», mas tornada invisível e que deixou de ser temida ao ponto de se ter tornado inexistente, é, de agora em diante, poder e brutalidade sem sentido, tal como aparece ao novo tipo de homem quando se vê confrontado com ela. A morte surge apenas como uma *catástrofe*. Não é mais vivida de modo leal e consciente. E já ninguém mais sente e sabe que tem de morrer a *sua* própria morte.

> *Senhor; dá a cada um a sua própria morte,*
> *O morrer que resulta daquele viver*
> *Em que houve amor, sentido e necessidade.*
>
> *Pois somos apenas a casca e a folha.*
> *A grande morte, que cada um tem em si,*
> *É o fruto à volta do qual tudo gravita.*
>
> *Porque o que torna o morrer estranho e difícil*
> *É ele não ser a nossa morte; uma morte que*
> *Finalmente nos agarra porque em nós nada*
> *[amadureceu;*
> *Daí resulta uma tempestade que a todos nos*
> *[arrebata.*([3])

De facto, este novo tipo é «individualista»; mas aquilo em que, ao mesmo tempo, está totalmente perdido, a saber, o seu eu social, quer dizer, a sua «imagem» para os outros e aquilo que é nessa imagem, parece-lhe ser também aquilo que o define para si mesmo. E, assim, são também sempre os outros que morrem para ele, e ele próprio, por sua vez, morre como «um outro» para os outros. Não sabe que morre também para si. Tal como enfeitamos com sedas multicolores uma figura desenhada segundo um modelo, assim também o tipo antigo construiu. O seu conteúdo singular de vida, as suas ações e trabalhos,

---

([3]) Rainer Maria Rilke, *Das Stunden Buch.*

segundo a estrutura (que tinha constantemente diante de si) da *totalidade* da sua vida: vivia em face da morte. A morte constituía, para a sua vida, um poder formador e diretor; era algo que dava à vida articulação e estrutura. Mas este novo tipo vive, literalmente, no «dia a dia», até que, de súbito, estranhamente, já não há mais um novo dia. «Calcula» a morte tal como o perigo de fogo ou de inundação, como se a morte lhe importasse tão pouco como o fogo e a água; quer dizer, cada vez mais calcula somente o seu valor ou ausência de valor como capital.

Uma consequência da estrutura vivencial deste novo tipo, que determina e comanda, igualmente, a estrutura do seu conhecimento, é o esforço, feito também pela ciência, para diminuir, até o fazer desaparecer, o facto grandioso, claro e simples da morte. Tenho aqui em vista a moderna doutrina da ciência da natureza segundo a qual não há uma morte natural, e cada morte deve ser mais ou menos considerada como «catastrófica»; e também a teoria segundo a qual a morte é apenas um «fenómeno de adaptação», resultante, somente, do desenvolvimento da vida na terra; e, finalmente, a teoria exposta pela primeira vez por Descartes, e que se tornou fundamental para toda a moderna biologia, segundo a qual a morte não é a consequência do fim de um agente particular, que se manifesta nos corpos e na matéria e energia de que são feitos e que seguem as leis da química e da física, mas, pelo contrário, é apenas o fim dos fenómenos de «consciência», provocado pelo surgimento de uma causa que destrói do exterior os mecanismos corporais. Estas três teorias são parte *de uma* conexão lógica que tem por fundamento, de modo uniforme, a negação de um específico *fenómeno originário da «vida»*, bem como a negação de um *fenómeno originário da «morte»*, que lhe está essencialmente ligado. Destes três modos de pensar é o terceiro que fornece o fundamento último dos outros dois e das modificações particulares que receberam, na base dos novos materiais atuais de observação empírica.

A negação da «morte natural» é uma consequência que resulta, dedutivamente, da conceção metafísica mecanicista dos fenómenos da vida, que corresponde a esta estrutura vivida. Se o organismo vivo, em conjunto com os fenómenos que nele têm lugar, fosse apenas um processo particular mais complicado de natureza físico-química, quer dizer, um processo em última instância mecânico, então, ele e o sistema no qual se desenrola não poderiam ser destruídos e quebrados senão do exterior. Nesse caso, a morte seria sempre um processo resultante de um estímulo exclusivamente externo, tenha ele, diretamente, a forma de um tiro de pistola que destrói a máquina, ou indiretamente, a dissolução do sistema em partes isoladas, que tem como efeito um movimento de propagação de todas essas partes em todas as direções. Quer dizer, cada morte é, então, mais ou menos artificial e a distinção entre uma morte natural e artificial torna-se caduca. A biologia mecanicista, portanto, deve construir cada morte, exclusivamente, de acordo com o modelo da morte por tiro de pistola. Mas mais ainda: também, em consequência, a oposição entre o vivo e o morto se torna meramente *relativa*; de facto, já não é possível ver em que é que, verdadeiramente, a morte consiste. Se o organismo for apenas um conjunto de órgãos e estes um conjunto de tecidos e estes, por sua, vez, um conjunto de células (ideia de um estado de células), e se se pensar, igualmente, nos processos celulares como meros processos de natureza físico-química, não existe então – com exceção da esfera da consciência – nenhum processo determinado e concreto a que se possa chamar «morte». Não é até um facto conhecido que, mesmo depois da «morte» natural de um animal, todas as funções fisiológicas prosseguem? Que o estômago, por exemplo, digere, o cabelo e as unhas crescem, as glândulas segregam e os batimentos do coração podem ainda manter-se por algumas horas? Evitamos abordar aqui o problema ainda mais complicado da morte nos animais inferiores e nas plantas, tal como o problema da morte aparente. Pois já os factos acessíveis a cada um mostram que a mente, no fundo, de acordo com esta opinião, dilui-se na vida e não mais se sabe já quando e onde se deve, verdadeiramente, colocar a morte neste contínuo terminar de processos isolados e de destruição de órgãos que acontece já no envelhecimento. Não admira que, recentemente, um fisiologista francês tenha explicado o surgimento da morte como um facto jurídico, como uma consequência da declaração de morte feita pelo médico legista; prognóstico «já não se pode levantar!»

Não obstante, se esta perspetiva quiser estabelecer a morte como um facto absolutamente determinado, e não, portanto, como uma mera rutura, mais ou menos artificial, estabelecida pelo nosso pensamento, ou como uma definição jurídica, deverá então (como já Descartes observara) abandonar a natureza e transportar-se para o lado da *consciência subjetiva*. Ou seja: diz-se agora que, apesar de a morte, vista pelo prisma da ciência da natureza, não ser um acontecimento elementar determinado, mas apenas uma lenta e continuamente mutável sucessão de acumulações que provocam a destruição de ligações químicas orgânicas extremamente complexas, o motivo para a tomarmos como um tal tipo de acontecimento e para lhe indicarmos um momento totalmente determinado (embora possamos vacilar muitas vezes, subjetivamente, dentro de certos limites, acerca de tal momento), não reside, de forma alguma, em algo de palpável do ponto de vista das ciências da natureza, mas no *desaparecimento da consciência*, que é uma consequência desta destruição da «máquina».

Mas, com isto, a pergunta não é resolvida, mas apenas remetida para o psicólogo. Todavia, para este, a questão de saber quando e onde devemos aceitar um tal desaparecimento completo e definitivo da consciência não é menos difícil, pois sabemos, de facto, que na anestesia, tal como no sono, a consciência não desaparece, e que, no primeiro caso, somente desaparece a zona de dor e que, no segundo, não há um puro sono sem sonho. Além disso, verifica-se também, aqui, a mesma oposição que encontramos na biologia, entre, por um lado, aquela «conceção sumativa» e associativa da alma segundo a qual ela é apenas uma soma de processos individuais que podem ocorrer isolados do ponto de vista principal (e isto em todos os graus de consciência) e, por outro lado, aquela doutrina monista segundo a qual (tal como para os vitalistas há uma força diretriz da vida) há uma pessoa central dotada de unidade que dirige e conduz os processos associativos. Mesmo que se aceite, como se deve fazer, um nível inconsciente na vida da alma, não se tornará menos difícil aqui do que ali saber quando e onde a consciência se extingue. O que acontece com isto é que se transfere a morte do domínio imediatamente acessível dos fenómenos vitais externos para uma esfera, a consciência alheia, que, todavia, só pode ser, ela própria, de novo, acessível a outra pessoa tendo por base a variação destes fenómenos externos, o que, do ponto de vista metodológico, é uma impossibilidade.

A morte, esta realidade tão dura e tão evidente, visível e acessível para todos, vista com uma certeza e clarividência que aumenta de dia para dia, parece transformar-se, para o microscópio da análise e da «ciência», numa quantidade de minúsculos aspetos que se transformam uns nos outros. A morte arrisca-se a desaparecer diante dos nossos olhos: não é aceite, nem explicada, mas é posta de lado. Aparece, finalmente, como uma espécie de ilusão humana, uma idiossincrasia própria do homem. Não nos admiremos, por isso, que já se espere poder retirar tais consequências! Não foi já dito, alguns anos atrás, por um dos mais conhecidos sábios parisienses, como um «axioma» da medicina moderna, que não há limites naturais da vida que a ciência médica e a técnica, em unidade com a prática clínica, não fossem capazes de fazer recuar indefinidamente? Esta consequência é inevitável: se não há nenhuma morte natural – quer dizer, um esgotamento natural de um poder vital, que deve ser encarado como um agente autónomo –, nem um facto vital autónomo de que o mecanismo corporal apenas se serve, segundo um ritmo que lhe é próprio, entre nascimento e envelhecimento; e se na morte por acidente esse fator vital não é destruído, mas, simplesmente, o seu lugar de manifestação se dissolve no todo inorgânico e, a partir daí, se torna inacessível para o nosso conhecimento e experiência; então, deve também existir, de facto, o há muito procurado «meio contra a morte». E deve ser apenas considerado uma falta de «progresso» da nossa medicina atual, se não mesmo uma falta normal de «negligência» da clínica e da medicina, o facto de os homens ainda morrerem. Cada máquina é, de facto, do ponto de vista principal, reparável. E, de agora em diante, seria somente uma descrença indesculpável na energia e na arte humanas considerar a morte como um acontecimento mundano absoluto e definitivo. Um passo mais e a ciência será transformada em farsa, tal como se pode ler, em tom meio sério, meio satírico, num pragmático livro americano intitulado *A insensatez da morte*, no qual ela é definida como uma «degenerescência» da vontade, própria da Europa.

Mas, para o psicólogo da cultura, a questão deve ser aqui colocada de um outro modo. Não haverá, pelo contrário, do lado da ciência – ou do lado da metafísica da ciência – uma ilusão que lhe é inteiramente constitutiva e que consiste no facto de, factualmente, só se querer considerar como existente no mundo aquilo que, através de uma ação possível, é ainda modificável? Mas se este «axioma» dominar já a totalidade da ótica espiritual da ciência, quer dizer, se o seu sentido não for, como mostrei noutra parte, apresentar o *mundo verdadeiro*, mas apenas um «plano» para o seu domínio e direção, então ela já *não pode*, de forma alguma, aperceber-se da morte. Deve negar a sua existência definitiva. Deve estar cega para a morte. E deve estar tanto mais quanto ela própria também nasceu daquela moderna cegueira perante a morte e do seu recalcamento pelo impulso do trabalho. O motivo que a conduziu a isto é aqui exatamente aquele mesmo que H. St. Chamberlain apresentou, estranhamente, contra a doutrina genial, profunda e verdadeira de Gobineau acerca das causas internas da morte – impossíveis de dominar pela política ou pela moral – dos povos, nações e culturas, e da decadência imparável da civilização europeia ocidental, através da crescente mistura racial da camada nobre superior com a camada plebeia inferior: tal doutrina deve ser falsa, pois, no caso contrário, não haveria mais nada a fazer! Este ilusionismo pragmático é também, de facto, a raiz daquela falsa doutrina sobre a vida e a morte.

Ora, é notável que a morte, de cuja repressão nasceu o novo ídolo do progresso, apareça, para aquele que se entrega à investigação do mundo vivo com o fanatismo do progresso, como sendo *ela própria* um progresso na «adaptação da vida» ao mundo circundante. Na medida em que se pratica o duplo erro de admitir a morte somente aí onde se pode mostrar um «cadáver» e, acima de tudo, de confundir a morte em sentido próprio com a morte individual (com a qual se pode perfeitamente equiparar, factualmente, a morte da raça, da espécie, etc.), utiliza-se também, em relação à morte, uma ideia em si mesma legítima sobre o valor de adaptação que tem, para a espécie, a duração da idade vital dos indivíduos que a compõem, na medida em que se concebe a morte como um mero *limite* dessa idade. Opõe-se a um ser mortal, composto por uma multiplicidade de células, um ser imortal unicelular. E a própria morte é pensada como uma adaptação da vida ao seu meio ambiente. Weismann, investigador profundo e rigoroso, que estabeleceu esta teoria, não deve, certamente, ser censurado. De facto, limitou-se a retirar consequências que decorrem do ideal mecanicista de conhecimento, para o qual a morte é absolutamente transcendente. Todavia, os factos são mais fortes do que os belos ideais do conhecimento! E o seguimento (por exemplo, as investigações de Richard Hertwig) comprova – independentemente da definição de morte referida mais acima, filosoficamente insustentável – o que Maupas tinha já estabelecido para os infusórios, que se podem reproduzir, em parte por fusão, em parte por divisão: uma reprodução por simples separação, mesmo em condições ótimas, tem sempre um fim. O mesmo se passa com os seres unicelulares de Weismann: também ela cessa desde que não se encontrem novas fusões, mesmo que as condições vitais exteriores sejam mantidas rigorosamente constantes, sem que, portanto, sobrevenha uma catástrofe motivada por razões *internas*; e assim a espécie extingue-se.

Há um fenómeno *absoluto* da morte que diz respeito à essência do ser vivo e também a todas as formas de unidade dos seres vivos. Por isso, não existe apenas uma morte individual, mas também uma morte das raças ou dos povos e, como agora se começa a perceber pela superação da vaga darwinista, também uma morte da espécie, que não resulta da eliminação externa por seleção, tendo por base a modificação das condições de vida, mas do *esgotamento interno* que faz regredir os agentes vitais que dirigem a espécie. E não é sob descontinuidades aparentes que se esconde, mas é sob a continuidade manifesta das mudanças e diferenças dos fenómenos vitais e unidades vitais que se escondem as diferenças mais profundas de organização e as verdadeiras causas descontínuas dos processos. E «morte» significa sempre, aqui, aquele término de um processo determinado interiormente, que não é comparável a nenhum acontecimento do mundo inorgânico.

A Sobrevivência

A primeira condição da sobrevivência depois da morte é a própria morte. A primeira condição para uma possível crença na sobrevivência é a superação das forças que reprimem a ideia de morte mais do que o impulso vital exige, e que mostrei estarem presentes no tipo de homem moderno. Tudo o que se opõe a estas forças faz que a ideia de morte se manifeste de novo por si mesma e por processos automáticos. *«Sobrevivência da pessoa espiritual e moral»*: estas palavras só ganham sentido *perante o fenómeno da morte*, perante a existência e a inevitabilidade do destino dos seres vivos. E uma crença na sobrevivência é somente possível quando a possível submissão espiritual à morte – apesar do impulso vital – e aquela reconciliação espiritual com ela, que permite superar o ilusionismo constitutivo do homem moderno em relação à morte, têm lugar; ou seja, quando a morte, anormalmente recalcada, reaparece.

Aceitemos o restabelecimento da situação normal; o homem liberta-se daquela ilusão angustiante negativa de que não haveria morte. Em que modos, em que *experiências espirituais*, é então dada a sobrevivência, e quais são as diversas formas típicas que daí resultam, quando tal acontece?

Observemos com rigor o sentido desta questão. Não se pergunta como é que se pode provar a «imortalidade» ou justificar a crença nela. «Provar» – ao estilo do século XVIII – certamente que *não* se pode. Mas, tal como com muitas questões filosóficas, também é muito problemático dizer-se que «prova» tem aqui algum *sentido* e que seja necessário provar. Qualquer hipótese que se fundamente na experiência imediata é, *eo ipso*, impossível de demonstrar e constitui o *pressuposto* necessário de todas as demonstrações possíveis. Além disso, «ser imortal» é um estado de coisas negativo, que, como tal, já não é suscetível de qualquer prova. Por isso, falamos expressamente de *continuidade* e *sobrevivência* da pessoa, não da sua presumível imortalidade. Se tivéssemos pontos de apoio experimentais da sua sobrevivência, poderia também eventualmente resultar daí aquilo a que se chama imortalidade.

Por fim, temos de saber quem suporta aqui o ónus da prova, o *onus probandi*. Mesmo que conseguisse demonstrar que há uma *independência essencial da pessoa* relativamente à existência de uma vida orgânica e que há leis essenciais dos seus atos (intuições, pensamentos, sentimentos, amor, ódio, etc.) que são independentes das leis essenciais de todos os seres vivos – e não somente dos que vivem na Terra –, nunca poderia, de facto, demonstrar que, com o último ato de uma unidade vital humana (ou seja, aquele ato em que uma pessoa morre a sua própria morte), ela também não deixaria imediatamente de existir. Apesar da independência da essência da pessoa relativamente à essência do ritmo vital próprio da unidade vital a que pertence, ela poderia, de facto, extinguir-se no exato momento em que a morte sobrevém. Mas então, a morte não seria um motivo para se aceitar isto, e *aquele* que o afirmasse teria de o demonstrar.

Se, além disso, pudesse mostrar que a forma e o modo como me *é dada* a pessoa espiritual de um outro, quando falo com ele e compreendo o seu discurso, não contêm nenhuma consequência que faça resultar, do estabelecimento da situação variável do seu *corpo*, o estabelecimento dos atos espirituais por si realizados e da sua pessoa, então, o facto de este corpo poder um dia transformar-se na situação a que chamamos «cadáver» não pode encerrar nenhum motivo para negar-se a existência de tal pessoa desde esse instante; nem nenhum motivo para afirmar que, quando expira, cessa também aquilo que eu percebia enquanto sorria. Uma tal conclusão não pode ter lugar. Também, enquanto vivemos, a *aceitação da existência de outras*

A SOBREVIVÊNCIA | 49

pessoas não repousa, nem numa conclusão que passasse pela posição de um corpo estranho, nem no ato de pressentir um eu análogo à nossa própria pessoa na imagem desse corpo. Porque as unidades de expressão na qual percecionamos uma pessoa estranha, tal como percecionamos uma árvore no fenómeno ótico da árvore, não estão fundadas na existência de coisas corpóreas e nas suas transformações. A aceitação da existência de pessoas estranhas repousa, de facto, segundo os princípios do conhecimento, em fenómenos expressivos que nos são dados, mas é, uma vez consumada, independente da existência subsequente de tais fenómenos; e só a *compreensão* daquilo que a pessoa pensa repousa, em cada caso, na existência deles. O facto de ela ser invisível não significa nada. «Invisível» – em certo sentido – é também a pessoa espiritual, quando falo com ela e ela se exprime. O facto de não a vermos depois da morte significa muito pouco, dado que nunca a podemos ver de um ponto de vista sensível. O facto de não existirem fenómenos expressivos depois da morte é somente um motivo para aceitarmos que eu já não possa compreender a pessoa; mas não é um motivo para aceitar a sua não existência. Permita-se-me uma imagem: se eu fechar uma porta por cuja abertura se podia ver, até então, um mosquito a voar, certamente que não se me poderá demonstrar que o mosquito ainda se encontra no quarto e não fugiu já pela janela. Talvez tenha voado no preciso momento em que a porta foi fechada; mas há tão poucas razões para mostrar que fugiu *porque* eu fechei a porta, como para aceitar que o comprimento de um mastro de navio é uma consequência da idade do capitão. Por isso, a pessoa pode factualmente deixar de existir quando faltam elementos expressivos para a compreender. Não está escrito em parte alguma que as pessoas devam durar sempre; mas, na ausência destes fenómenos expressivos, não há nenhum motivo para afirmar que elas não sobrevivem.

Um dos princípios mais importantes e sensatos da teoria do conhecimento tem o seguinte teor: se puder ainda mostrar, positivamente, que pertence à essência de uma coisa e aos modos de experiência que essencialmente lhe pertencem (como acontece com a visão relativamente às cores) o facto de não poder fazer a experiência da sua existência (ou da continuidade da existência), mesmo quando ela está presente, devido aos meus limitados meios para fazer experiências deste tipo (resultantes da minha própria organização), não há nenhum motivo para negar a sua existência (ou continuidade de existência) se me falta uma experiência positiva dela. E só onde puder mostrar que pertence à essência de uma coisa e do seu modo de experiência *ter de* a experimentar quando ela existe, através da quantidade de experiências deste género que me são acessíveis, é que terei o direito de dizer: a coisa não existe porque não a vejo.

Assim como se não trata aqui de uma demonstração da imortalidade, também não se trata da questão *psicológica* acerca dos motivos psíquicos, interesses, desejos ou receios, que levaram este ou aquele homem, este ou aquele grupo humano, a acreditar ou não na sobrevivência. Há uma infinidade de tais motivos subjetivos, diferentes de homem para homem. O Aquiles de Homero acreditava numa sobrevivência no Hades, apesar de preferir ser um cão vivo a um herói morto. E os próprios epicuristas, que afirmavam que o medo tinha criado os deuses («timor fecit deos» – Lucrécio), não negavam a sobrevivência, mas davam a esta ideia, simplesmente, um conteúdo que deveria libertar os homens do medo da vida depois da morte. Que a aceitação da sobrevivência depois da morte seja apenas um «desejo ilusório» do homem, milhares de factos históricos o contradizem. Pode-se, certamente, colocar a questão de saber se, nos tempos cristãos, a angústia diante do inferno e do purgatório não foi maior do que a esperança no céu. Em geral, não se trata, aqui, da aceitação ou da recusa da crença na sobrevivência, mas do *sentido* e da *essência* que preenchem intuitivamente esta ideia e dos *atos de experiência* nos quais tal sobrevivência pode ser dada.

Para começar, distingamos duas coisas: a ideia e a crença na chamada *«eternidade do espírito»* e a ideia e a crença na *«sobrevivência da pessoa»*. Para começar, abordarei o primeiro assunto.

Vejo diante de mim, com clareza, a minha própria morte. Na vivência do crescimento constante da eficácia do meu passado, que ata cada vez com mais força cada um dos meus passos, os determina de modo sensível e submete cada um deles como uma totalidade; no estreitamento permanente da minha esfera de futuro, dada na espera imediata, no estreitamento, cada

A SOBREVIVÊNCIA | 51

vez mais forte, do âmbito do presente, entre passado e futuro; em tudo isto é-me dada a crescente aproximação da morte, de segundo a segundo, independentemente da situação do ritmo vital do meu tipo humano (que encontro em mim próprio), do facto de a minha vida aumentar ou declinar, de eu crescer ou decrescer, de estar doente ou com saúde, de reparar ou não nestes estados, de os perceber judicativamente ou não. Porque esta experiência pertence à vida, à essência da vida, não à contingência da minha organização humana e ao seu ritmo próprio de existência: infância, juventude, velhice, tempo de vida. Mas, à medida que vejo a morte aproximar-se desta forma, como destino evidente de toda a vida possível – e, portanto, também da minha, da vida que palpita em mim –, vivo e realizo, não obstante, em cada momento deste percurso, *atos* cujos conteúdos de sentido e cujo contexto de conteúdo de sentido são completamente *independentes* desta profunda experiência familiar. Penso, por exemplo, em 2x2=4, ou noutra verdade evidente. Tal como à essência de um objeto pertence necessariamente a essência de um ato, pertence também a esta verdade o facto de ser pensada. Mas sem dúvida que o ser verdadeiro, ou a falsidade, de uma proposição como 2x2=5 não é relativa à vida ou ao ser vivo. Talvez certos grupos de verdades só possam ser encontrados, no decurso da minha vida, em momentos pré-determinados pela espécie, de modo que para os encontrar sejam necessárias a maturidade ou a velhice, e que as crianças de cinco anos não possam encontrar aquilo que pode uma pessoa de vinte. Talvez seja, também, necessária a doença para encontrar certas verdades e para outras a saúde. Tudo isto determina a sua descoberta, determina a escolha dos objetos a que as proposições se referem e também a relatividade da sua existência. Mas *não* determina *o seu sentido*, o seu caráter verdadeiro ou falso. Se eu tomar o falso por verdadeiro é preciso uma razão para me convencer do meu erro e não, de forma alguma, a indicação de que o meu opositor é mais velho do que eu.

De todas as possíveis leis essenciais da vida e, por maioria de razão, das regras da ciência biológica, não se seguem as leis e os contextos de sentido das minhas afirmações, nem a diferença entre o ser verdadeiro e o ser falso. Nestes atos *transcendo* completamente tudo aquilo que é ainda relativo à vida e devo dizer que, em tais atos, o meu sentido toca um domínio, uma *esfera de significações, intemporais e eternas*. Mais do que isto não devo dizer. O facto de os atos que eu realizo, ou mesmo a minha inteira pessoa (que é o suporte deles), também perdurarem quando deixo de viver, de forma alguma é uma consequência da conexão eidética entre a ideia de um ato e a ideia de um objeto. Talvez esta conexão tenha um certo sentido para a aceitação de uma divindade, ou então talvez para uma certa forma de ligação da minha pessoa com a divindade. Mas não tem nenhum significado para a aceitação de uma sobrevivência pessoal.

Um outro exemplo: sinto na língua uma impressão sensível, outras vezes, sinto cansaço ou frescura, ou sinto-me bem ou mal. No *próprio* sentir tais conteúdos, não somente na base de reflexões definitivas sobre isso, encontra-se, em todos os casos, uma diversidade de relações entre os conteúdos sensíveis e as situações do meu corpo. Aqui, na minha sensação de frescura ou de bem-estar, mas também, por exemplo, na frescura da face de outra pessoa, ou de uma manhã de maio, manifesta-se a existência de uma relação evidente com os estados variáveis de um corpo. Mas nem sempre é assim. Sinto também desespero ou alegria acerca do meu ser ou do meu querer, ou acerca do ser e do querer de uma pessoa que amo. Sinto contrição e arrependimento, ou calma clara e tranquila diante da minha pessoa, e um profundo contentamento pela realização de uma bela ação. O que sinto desse modo sinto-o *sem* aquela relação com o meu corpo que acompanha esse sentimento, embora também tenha constantemente presente, ao mesmo tempo, o meu corpo e os seus estados. Posso, simultaneamente, sentir uma dor e estar alegre, posso saborear o sabor agradável de um bom prato e sentir-me cansado e, ao mesmo tempo, com tudo isto e de forma totalmente independente disto, estar desesperado e alegre. As qualidades destes níveis do meu sentir não se podem remeter umas para as outras e são dadas de forma e de modo fundamentalmente diferente. Não podem ser reduzidas umas às outras e seguem – cada grupo por si mesmo – as suas próprias leis. E o que eu, desse modo, sinto em momentos diferentes da minha vida é constantemente ligado por *conexões de sentido* que

A SOBREVIVÊNCIA | 53

dominam a totalidade do meu processo vital, e os atos correspondentes podem estar mais próximos ou mais afastados uns dos outros. Ao fim de dez anos, posso arrepender-me de uma ação: nesse momento, o sentido daquele ato e o sentido daquele arrependimento constroem uma conexão desse género.

Conexões de sentido deste género apresentam-se de forma crescente no decurso da minha vida, mas as suas leis internas e as relações concretas de umas com as outras, que, na sua totalidade, apresentam o sentido completo da minha vida individual, são totalmente *independentes* daquele decurso e das suas leis. Eu gosto de um amigo, e amanhã estarei morto. Sem dúvida que esta amizade pode iniciar-se e terminar de acordo com as leis de sentido do amor e do ódio. Verifico que aquilo que sentia não era amizade por uma pessoa, mas um interesse escondido pela sua riqueza, alegria diante da imagem sensível da sua presença que, devido a uma ilusão, identificava anteriormente com ele, com a sua pessoa; ou concordava com as suas opiniões. Se eu vir as coisas desta forma, acaba então a ilusão de que sinto amizade por ele. O amor pode começar ou acabar de milhares de outras formas diferentes, de acordo com estas ou outras leis de sentido. Mas eis que eu morro! O que poderá isto significar para o ser ou para a permanência de *sentido* da minha amizade? Talvez se dê o caso de ela desaparecer segundo leis de sentido, no preciso momento em que morro. Mas *o facto de morrer* não tem *qualquer* significado para o conteúdo de sentido de todos os atos de amor e de ódio relativos a uma pessoa, não tem qualquer significado para todas as relações simplesmente possíveis que podem existir no sentido da amizade entre duas pessoas. Quando arranco a amizade à ilusão de que era vítima, quando quebro o seu vínculo, o outro poderá dizer: o sentido da nossa amizade deixou de existir. Mas *não* o pode dizer quando morro. Nenhuma morte pode quebrar o seu sentido. Como se poderá compreender que mesmo o efeito mais longínquo de um tiro de pistola, ou da esclerose de uma artéria, pudesse interromper o contexto concreto de sentido de tais atos, suprimi-lo ou modificá-lo? Portanto, o sentido de eternidade, a independência deste sentido em relação ao amor e à morte, está aqui presente exatamente como nos atos de pensamento. Também o sentido de uma vida pessoal é fundamentalmente diferente das fases do seu decurso. E «sub quadam specie aeterni» que tem qualquer ato espiritual específico. Mas, o facto de o amigo morto *continuar a existir*, o facto de a sua amizade continuar, *não* resulta daquilo que foi dito.

Esta doutrina da «eternidade do espírito», que afirma, portanto, que podemos tocar, com os nossos atos espirituais, um *domínio de sentido* – um domínio que muitos ainda pensam que se estende diante de um olhar divino –, só pode ser negada por um positivismo e um biologismo que desconheçam as coisas mais simples. Mas esta doutrina não tem qualquer significado para o problema da sobrevivência da pessoa espiritual. A sua aceitação não afirma a permanência do espírito pessoal, tal como, por outro lado, a aceitação da permanência da pessoa não permite suprimir a separação entre os atos e as vivências – mesmo no âmbito da existência depois da morte – que possuem tal sentido intemporal e os que o não possuem.

Já os gregos tinham claramente formulado a doutrina da eternidade do espírito, que também pode ser aceite por aquele que nega a permanência da pessoa. Mas o que é que se passa com a doutrina da *permanência da pessoa*?

Talvez se possa aduzir aqui a totalidade dos *factos* que foram descobertos pela psicologia fisiológica, pelas experiências fisiológicas feitas com homens e animais e pela anatomia normal e patológica acerca da dependência dos processos psíquicos relativamente aos processos cerebrais e nervosos. Mas na medida em que se procede deste modo, esquece-se a *ordem* e o *sentido* das questões. *Nenhum* destes factos pode decidir acerca da *natureza essencial* da dependência dos atos psíquicos relativamente aos processos fisiológicos, exatamente porque os factos psíquicos observáveis são totalmente diferentes dos atos espirituais. Tal como são, tais dados têm aqui lugar se reconhecermos que o ser de um ato espiritual e da pessoa está necessariamente ligado a uma excitação nervosa e cerebral, particularizada local e qualitativamente (no sentido de uma das muitas hipóteses paralelísticas) e que *não* se dá o caso de a pessoa, relativamente à totalidade dos seus processos corporais e à totalidade dos processos psíquicos que os acompanham (objetivados na forma

A SOBREVIVÊNCIA | 55

vivencial da perceção interna), se comportar da mesma forma que um pianista a tocar se comporta relativamente ao piano, nem a conexão interna dos seus atos é idêntica à composição tocada. Também neste último caso, tudo o que pode vir até nós no contexto de factos psíquicos e de processos cerebrais e nervosos deve ter uma ordenação evidente de um tipo qualquer, tão certo como duas representações de uma composição, que possuem dois conteúdos artísticos diferentes, ou uma representação de uma composição que difere de outra somente num ponto ou numa nota, pressupõem também diferentes processos mecânicos no piano. Porém, é aqui perfeitamente claro que não há execução da obra de arte sem artista e sem composição, ambos independentes, quanto à sua existência, relativamente ao piano.

Há, portanto, três caminhos: para o primeiro, não há nenhuma decisão e há uma total abstenção quanto a questões metafísicas, única atitude que, nestes assuntos, é apropriada às ciências, também não havendo, então, nenhum paralelismo; para o segundo, há a construção racionalista de hipóteses, ou a construção de teses arbitrárias, tal como fez uma grande parte da filosofia atual, na polémica sobre o paralelismo e a ação recíproca; para o terceiro, há uma distinção rigorosa entre o *«viver» imediato* da vida e o mundo no seu puro «quê», por um lado, e, por outro, qualquer *ser objetivo* e também, portanto, a «vida vivida» objetivada na experiência da «perceção e observação internas»; e há uma abordagem da questão a partir deste ponto de vista. Só este último caminho pode ser percorrido.

Se eu aceitar este caminho, há uma *experiência fundamental* que se repete nas investigações filosóficas mais exatas *de cada* domínio de intenções espirituais, quer dizer, daquelas vivências que excedem a existência muda daquelas atitudes corporais que são as únicas a que podemos chamar, desde logo, sensações; a saber, uma experiência que, mesmo em traços grosseiros e vagos, também o homem natural permanentemente faz, esteja judicativamente consciente dela ou não. Esta experiência, dito rapidamente, tem o seguinte teor: em primeiro lugar, a pessoa espiritual, em cada um dos seus atos (na perceção, na recordação, na esperança, na vontade, no poder, no sentir) *ultrapassa* o que lhe é dado em qualquer género de «limite» do corpo que se lhe oferece sempre, simultaneamente, na experiência (o que eu aqui chamo «limite» pode ser um limite espacial, um limite temporal, ou um limite do conteúdo qualitativo da situação do corpo); em segundo lugar, a quantidade de conteúdos de cada ato é sempre *maior* do que a quantidade das situações corporais que lhe corresponde.

Abro os olhos: uma vasta paisagem, preenchida por objetos, casas, rios, estende-se a perder de vista diante do meu olhar. Numa outra ocasião, abrindo os olhos, encontro um quarto estreito, pequeno e vazio. Certamente que ambas as imagens visuais, correspondentes a tais *sensações* e às respetivas posições do corpo, são do mesmo número. Mas o que eu vejo é, em diversidade qualitativa, em tamanho e distância, consideravelmente diferente. Daqui, David Hume conclui que esta diferença é apenas um trabalho da chamada associação, nomeadamente, do juízo e do raciocínio. Porém, nós, evitando uma tal consequência absoluta, vemos que a conclusão segundo a qual a riqueza qualitativa intuitiva, o tamanho, a distância (aqui e ali), tal como os «momentos significativos» presentes no que foi visto – que são dados de modo mais evidente do que todas as teorias e raciocínios –, não podem depender de uma mera diferença relativamente àquelas situações corporais, que são em número idêntico; mas vemos que, em primeiro lugar, o meu ato de visão excede estas situações e os limites espaciais do corpo e que, em segundo lugar, a quantidade e o número de qualquer multiplicidade de coisas, dada num ato de visão, ultrapassa sempre o número de sensações simultâneas, independentemente do modo como aquilo que se encontra em cada ato de visão possa estar ligado a sensações totalmente determinadas. Sem ser induzido em erro pelas teorias, afirmo: este ato de visão lança-se *para além* dos limites do meu corpo. E não apenas qualquer complexo de qualidades visuais simples, mas já qualquer qualidade simples de uma cor, por exemplo – e o mesmo acontece com a audição de um som –, possui uma quantidade de séries de variações das suas características a que não corresponde idêntico número de séries de variações de estímulos e de estados de sensação. Cada qualidade de conjunto dada pode corresponder, perfeitamente, a situações de estímulo e de sensação; todavia, isto não exclui o

A SOBREVIVÊNCIA | 57

facto de a multiplicidade qualitativa, em cada visão ou audição simples, ser mais rica do que a sensação ou o estímulo, desde que a variação destas características qualitativas de som e de cor esteja fundamentada (de acordo com leis essenciais) neste próprio conteúdo. Mas isto é o que mostra cada vez com maior nitidez a investigação fenomenológica dos simples sons, cores, do espaço e da sua estruturação, por parte da psicologia experimental. Aparecem constantemente elementos de fenómenos que não correspondem a sensações e variações evidentes do estímulo (a uma variável de amplitude de oscilação correspondem, presumivelmente, três variáveis qualitativas de um som simples: a sua altura, o seu timbre e a sua oitava, que, recentemente, foi aduzida a título de qualidade). Ora, é universalmente válido que o ver e o ouvir têm a sua *própria legalidade* como puras funções, independentemente da organização da visão, que variam de espécie para espécie; têm a sua própria extensão, que tem pouco a ver com a aptidão da sensibilidade para receber estímulos, tal como com a atenção espiritual em geral; e têm a sua própria legalidade perspetivista, que nada tem a ver com a perspetiva matemática.

E, mais uma vez, o mesmo vale para os atos de *perceção*. De novo, em nenhum momento aquilo que é dado e percebido na perceção de uma coisa corresponde à soma de todos os possíveis conteúdos de visão, de audição, de olfato, de gosto e de tato, mais as representações resultantes dos conteúdos sensíveis anteriores. O seu conteúdo, e a respetiva possibilidade de variação, é infinitamente mais rico do que tudo isto somado e extravasa tudo aquilo que pode ser dado somente nestes fenómenos sensíveis, mais os seus derivados. Funções sensíveis são apenas formas de seleção da intuição.

Tomo ainda um par de outros exemplos. Em primeiro lugar, um exemplo que diz respeito aos *limites temporais do meu corpo*. Pertence à essência de um corpo, tal como ele é dado, o facto de preencher um presente, ou seja, o seu aqui e agora, que é um facto que não é dado no tempo objetivo. Todavia, este aqui e agora é uma condição não só de toda a identificação que fazemos do conteúdo do tempo objetivo, mas também do próprio conceito de tempo objetivo, cujas partes que apreendemos (sucedendo-se umas às outras numa determinada direção) consistem em simples pontos análogos aos pontos do presente, quer dizer, àqueles pontos a que, no contexto da vida, chamamos «presente». Mas o meu espírito excede estes limites em duas direções: na atitude de recordação, passeio-me pelo meu passado e, progressivamente, o mundo passado aparece-me diante dos olhos do espírito; e, do mesmo modo, *esperando*, detenho-me espiritualmente no conteúdo do meu futuro. Já no *Fédon*, Platão retirara, do maravilhoso facto da recordação, profundas reflexões sobre o problema da sobrevivência. Até há pouco tempo, admitia-se que estes factos se podiam inteiramente explicar admitindo a existência de disposições e vestígios que as impressões anteriores deixavam atrás de si, ou seja, através das chamadas reproduções e associações. Pressupunha-se que se tratava aqui de uma explicação causal de acontecimentos presentes, as chamadas recordações, ou seja, «imagens» que, tendo somente por base uma característica ou uma função simbólica que lhes era própria, eram transferidas, pelo juízo, para o passado ou para o futuro. Mas não é de nada disso que se trata. Aquilo que, sobretudo, se pode e deve explicar, é apenas a *escolha* particular de conteúdos que surgem constantemente, tendo por base a situação presente do corpo, na esfera do mero recordar e esperar imediatos. Através desta explicação mecanicista, o recordar e o esperar imediatos de qualquer coisa e a sua respetiva esfera não são, de forma alguma, encontrados; somente a recordação mediata é explicada pela *escolha* particular do conteúdo, ou da sua ordem de sucessão, que se torna acessível por meio dela, mas não o próprio conteúdo. O recordar e o esperar mediatos são sempre construídos sobre o recordar e o esperar imediatos de certas unidades de estrutura e valor da vida passada e da vida futura, e não podem ultrapassar as esferas que aquelas estruturas prescrevem para o recordar e esperar mediatos. Toda a realidade espiritual presente é vivida por mim tendo exclusivamente como pano-de-fundo uma visão *total* imprecisa da minha vida, que, antes de mais, se divide em esferas de passado e de futuro. A visão espiritual, que desdobra diante de si mesma esta visão total, domina a mudança que preenche de conteúdos particulares as referidas esferas e, por

A SOBREVIVÊNCIA | 59

maioria de razão, domina as causas dessa mudança. Uma vez mais, portanto, o recordar e o esperar estendem-se *para além* dos limites dados do meu corpo, dos estados do corpo e de tudo o que é simultaneamente dado com ele na experiência. Não é somente uma compreensão dos estados presentes e das «imagens» respetivas que nos conduz para além do presente, como se o conteúdo a partir do qual a minha imagem constrói o passado e o futuro devesse ser retirado, em primeiro lugar, do conteúdo do presente; como se interpretação e juízos (ou melhor, conclusões) explicassem o facto de eu não aceitar viver apenas no presente.

Outro exemplo: sinto a *mesma* paixão ou a mesma alegria espiritual que as pessoas de quem gosto, diante dos mesmos valores ou ausência de valores de um acontecimento que nos diz respeito. Isto não significa que cada um os viva como seus e que apenas *julguemos* que as coisas acontecem desta forma. A situação é obviamente diferente. Assim, a dor e o prazer sensíveis são dados como fenómenos extensos num qualquer lugar do corpo, e só o podem ser dessa forma, pois cada um tem o seu próprio corpo. Mas para os sentimentos espirituais e para os valores que lhes correspondem (e até mesmo para os sentimentos vitais) há já um autêntico *sentir os mesmos* sentimentos que o outro, relativamente aos mesmos valores; aqui, o meu espírito lança-se, verdadeiramente, para além dos limites dos estados do meu corpo. Isto é um facto evidente. Nada há aqui que tenha a ver com conclusões, nada que tenha que ver com a inserção da própria situação afetiva na atitude corporal de um estranho, nada que tenha a ver com a imitação voluntária de gestos, ou com contacto psíquico.

Em todos estes casos, encontramos o mesmo *facto fundamental constitutivo* do espírito, do ser e da vida; a pessoa está ligada aos estados corporais mutáveis e aos seus correlatos objetivos nos corpos, em cada escolha particular daquilo que se tornará o conteúdo da sua intenção; a *essência da pessoa* e as suas intenções, o contexto de sentido que lhe está ligado e o próprio «conteúdo essencial» da intenção nunca são passíveis de ser repartidos em situações corporais ou sensações, nem nos seus derivados genéticos, reproduções, etc. A *própria* pessoa e o seu mundo espiritual é muito mais do que as intenções simplesmente possíveis e tem um conteúdo espiritual muito mais rico.

Ainda mais um exemplo. Caminho na rua; nessa situação, a *intenção* de movimento da totalidade da minha pessoa é completamente diferente dos impulsos de movimento que, em cada caso, de acordo com a posição inicial dos meus órgãos, devem aplicar-se a órgãos totalmente diferentes e numa ordem totalmente diferente, para que eu possa andar; e estes impulsos são totalmente diferentes das sensações de movimento e dos seus resíduos, que só aparecem por causa do movimento que está a ter lugar. A intenção de movimento antecipa-se ao impulso e domina-o como movimento regulador; os impulsos antecipam-se às sensações de movimento, mas as próprias intenções de movimento são dirigidas, na sua mudança e sucessão, pelo objetivo espiritual do meu percurso, podendo este ser mesmo um passeio (quer dizer, a suspensão de qualquer finalidade).

Perguntar-se-á então: de que modo a *ciência* positiva, a cuja essência pertence explicar os factos de um ponto de vista causal e genético – em última análise, de um ponto de vista mecânico, ou do ponto de vista da psicologia associacionista – chega a resultados que se afastam dos aqui referidos? Por que motivo, por exemplo, considera a visão, geralmente, apenas como uma espécie de tocar à distância e condicionada unicamente por estímulos e sensações corporais? É com razão que a ciência procede deste modo. Porque não procura fundamentar a *essência* do espírito, do mundo, ou da pessoa, o que é o ver, o recordar, ou a simpatia, mas tem um objetivo completamente diferente: ordenar de forma clara o que é dado e de tal modo que, pelo menos em teoria, as coisas se tornem *domináveis*, dirigíveis e previsíveis. E é claro que as coisas não são domináveis *fora* dos limites da sua essência e das suas conexões essenciais. E, por isso, a ciência explicativa não se interessa pela quididade, pela essência das coisas. Não é, por isso, de espantar que a ciência somente aceite o mundo na sua estrutura conceptual na medida em que nele está presente um mecanismo. Só nesta medida é que o mundo é dominável: a natureza, de um ponto de vista técnico, o corpo e a alma, de um ponto de vista médico, pedagógico ou político. Este agir da ciência positiva é infinitamente mais importante para a vida do que qualquer filosofia. Mas a *verdade* acerca da essência das coisas permanece, justamente, necessariamente escondida para qualquer tentativa de submeter o mundo a um cálculo (para falar como Lotze). Mas a tarefa da filosofia, muito mais inútil, mas mais bela e meritória – como Lotze diz – é compreender o mundo.

Se pertence à essência do espírito pessoal – permita-se-nos a imagem – ultrapassar pelos seus atos os limites do corpo e dos seus estados, posso então perguntar: o que pertence à essência da pessoa quando, no *ato de morrer*, o corpo deixa de existir; o que acontece à pessoa como unidade concreta (ela própria ainda atual) de todos os atos, à ideia deste fator unitário e concreto, que não deve ser assimilado a nenhuma pretensa substância? Respondo: pertence, em tal caso, à essência da pessoa exatamente o mesmo que lhe acontece quando o indivíduo está vivo; nada de novo, portanto. Tal como, enquanto vivia, os seus atos «excediam» o estado do seu corpo, também agora excedem o seu desaparecimento. E só este lançar-se, este *lançar-se para diante e exceder*, este ato dinâmico que pertence à sua *essência*, só eles podem e devem ser, na morte, a vivência completa e o ser total da pessoa. Isto não significa que, então, ela tenha somente a intenção ou a esperança de uma sobrevivência. Isso seria dizer uma trivialidade; e muitos indivíduos – todos os que não acreditam na sobrevivência – não têm, de modo nenhum, esta esperança. Significa que a pessoa se experimenta aqui a si mesma como sobrevivência. Ou, de modo mais simples: experimenta para o seu *ser* aquilo que, enquanto vive, experimenta como já evidente para os seus *atos* e respetivo conteúdo: *independência do seu ser relativamente ao corpo*. Quem disser: «sim, mas somente como "intenção"», esquece que, *in concreto*, a intenção e o ato são a essência da pessoa; que ela não é uma coisa, uma substância, que «tivesse» ou «exercesse» intenções.

Mas, com isto, chega ao fim tudo aquilo que se pode retirar do que é *filosoficamente* possível de estabelecer. Acerca de algo mais do que este «impulso de viver» mais além, nada sei. Portanto, não sei *que* a pessoa existe depois da morte; por maioria de razão, não sei *de que modo* existe. Pois, por que motivo não deveria a pessoa deixar de existir, com este último impulso «nela», através de um milagre metafísico? Direi que nunca poderá saber que *não* continua a existir. Direi também que nunca poderá saber que continua a existir. Só este impulso deve ser ainda experimentado imediatamente, segundo as leis da sua essência; pois pertence à própria *autoexperiência* da pessoa. Mas *acredito* que *continua a existir*, visto não ter qualquer fundamento para admitir o contrário e as condições essenciais para aquilo em que acredito estarem evidentemente preenchidas.

Na experiência imediata do excesso de todos os atos espirituais, ou mesmo da essência dos «atos espirituais» da pessoa, sobre os seus estados corporais, ou mesmo sobre a essência dos estados corporais, e, no ato de morte, na experiência do excesso da pessoa sobre a unidade do corpo – em tudo isto, portanto, reside o *dado intuitivo essencial*, que preenche a ideia de sobrevivência em todos os seus milhares de configurações, desde a fé dos selvagens até às ideias mais evoluídas de Kant e de Goethe. E é agora claro que este fenómeno do excesso apenas se pode tornar um dado nítido se e, também, na medida em que é válida a primeira série destas considerações, quer dizer, *na medida em que a própria morte é dada* e na medida em que o homem não somente sabe e ajuíza que vai morrer, mas *vive «diante» da morte*. Na medida em que – no mesmo ato de conjunto, portanto – vejo, sinto e vivo que a amplitude da diferença entre a vida vivida e a viver cresce sem cessar, vejo e experimento também, tendo como pano-de-fundo esta situação, um «excedente» que cresce paralelamente ao amadurecimento da própria vida espiritual e que é próprio dos atos espirituais, para lá da vida que se encontra cada vez mais próxima da morte.

Encontra-se aqui uma relação essencial ainda mais notável, da qual, até ao momento, foram vistos cada um de ambos os termos, mas muito poucas vezes os dois simultaneamente, puramente e num único olhar. Os fundamentos filosóficos da biologia podem mostrar que Oscar Hertwig e Hans Driesch têm igualmente razão do ponto de vista fenomenológico quando consideram como axioma, como *a priori* material desta ciência (em oposição ao princípio de conservação da natureza inanimada) o princípio segundo o qual nada se pode transformar se não houver um fundamento particular para tal na coisa transformada: das

A SOBREVIVÊNCIA | 63

partes de uma célula germinal pode resultar qualquer parte do organismo futuro, contanto que e na medida em que não se tenha formado já algo de determinado, como, por exemplo, uma ainda que rudimentar predisposição orgânica. Tudo aquilo que, num órgão, pode ainda acontecer está limitado, na medida em que algo de definido já se formou. Quer dizer, a direção essencial de qualquer *vida* – por oposição à natureza morta – segue o sentido da máxima *liberdade* à máxima *dependência*, identificando-se esta última com a morte. Mas totalmente *oposta* é a direção essencial do desenvolvimento do nosso *espírito*: ela vai da máxima ligação, imposta pelas condições de vida, à entrega vital livre (e cada vez mais livre) ao puro conteúdo das coisas, valores e pessoas. Quanto mais dependente se tornar cada *passo* da vida – objetivamente, ou subjetivamente no sentimento vital e nos seus modos – em relação aos *passos* já dados, tanto mais diferenciada, mas, também, tanto mais rígida e menos plástica se toma a organização, até às múltiplas manifestações de esclerose dos vasos sanguíneos, como acontece, por exemplo, no homem; e tanto mais a pessoa espiritual se desprende do constrangimento dos impulsos vitais. Esta relação essencial repete-se no animal – que só representa e perceciona em caso de necessidade – e no homem, o tipo vital mais fixado de todos, no qual a vida espiritual se liberta das necessidades vitais; repete-se na mulher, mais plástica do ponto de vista vital, mais antiga do ponto de vista do desenvolvimento histórico, mas menos dirigida para as coisas, e no homem, menos maleável, mais interessado nas coisas e mais novo do ponto de vista do desenvolvimento; repete-se na criança e nos homens maduros, nas sociedades novas e velhas.

Até onde, na série dos seres, pode chegar a sobrevivência da pessoa? Respondo: tão longe quanto chegar este excesso do *espírito sobre a vida*. Mais do que isto não sei.

Mas note-se bem uma coisa: ainda não se disse nenhuma palavra sobre a questão de saber como se comporta a essência de uma personalidade espiritual relativamente à essência de um *corpo*. Corpo não é igual a corpo orgânico, que é apenas a forma categorial percetível do exterior e condicionada em si mesma do ponto de vista vital, do «corpo» de um dado corpo, que podemos trazer até nós por meio de uma autodoação imediata. Não há nenhum agregado associativo das chamadas sensações interiores e exteriores, por exemplo, de sensações visuais e orgânicas, mas uma doação fenomenal, psicofisiologicamente indiferente, sem a qual o conceito de sensação é uma coisa absurda. A sensação é um estado do corpo; mas o corpo não é a soma das sensações e de certas associações entre estas. Percebemos perfeitamente o que, em sensações isoladas, pertence respetivamente, por exemplo, ao estômago e à dor de estômago e onde, no espaço objetivo, o corpo começa e acaba, etc. Mas, *que temos um corpo*, não o aprendemos indutivamente ou por associação. Não precisamos de aprender, em primeiro lugar, que não somos «anjos»! Esta é apenas uma das lendas fantasistas da mal compreendida psicologia associacionista. E, por isso, o facto de que *a uma pessoa pertence um corpo* é, justamente, uma intuição essencial. Sabemos, por isso, que se a nossa pessoa espiritual sobrevive à morte, é, certamente, também um corpo. Porque em todos os «mais-além» com que os místicos sonham também têm valor as conexões essenciais. Quais? Como? Isso não sei. Também não sei se sobreviverei, a não ser na hora da morte. Portanto, não podemos chegar, neste caminho, àquela doutrina da chamada crença espiritista numa imortalidade que fosse composta por átomos anímicos sem corpo. Pelo contrário, tal opinião é certamente falsa e – como disse Leibniz, clara e nitidamente – as próprias ideias intuitivas da igreja cristã sobre a «ressurreição da carne» são infinitamente mais profundas e sensatas do que aquelas teorias modernas de «átomos substanciais anímicos» sem corpo e do que as chamadas demonstrações disso.

Atingiu-se aqui o limite. Que a pessoa exista depois da morte é uma pura crença e cada pergunta acerca do modo como isso acontece é somente uma curiosidade ilegítima e atrevida. «Afirmá-lo é uma atitude de crença e não de intuição».

Tipos de crença filosófica
na sobrevivência pessoal

Seria agora do maior interesse passar em revista as intuições positivas particulares dos povos, dos grandes pensadores e dos poetas, para, deste modo, obter uma *tipologia ideal* dos tipos e dos modos nos quais o referido fenómeno fundamental da sobrevivência pessoal depois da morte recebeu uma configuração mais positiva. Para terminar contento-me em escolher dois tipos ideais desta crença que, ao mesmo tempo, foram a crença de dois dos maiores génios da Alemanha e do mundo: Goethe e Kant.

Facilmente se confunde, entre outras, a doutrina dominante no Japão da «continuidade da existência dos antepassados» com a doutrina da «sobrevivência da pessoa». E, no entanto, um mundo as separa, pois aquela crença repousa numa intuição totalmente diferente da da sobrevivência da pessoa. Deve-se ser claro acerca disto: no primeiro caso, a única coisa que existe depois da morte do indivíduo não é a sua pessoa individual – sem relação com a vida –, é o homem como antepassado dos que estão vivos, é a continuidade vital objetivada da série infinita dos antepassados. E só como elo desta cadeia o homem «sobrevive» aqui à sua própria morte, e não sobrevivendo e continuando a existir numa ordem pessoal nova. O último japonês já não é imortal, pois não é um antepassado. Por isso, por toda a parte onde esta crença domina, encontra-se, também, uma dependência dos mortos relativamente aos que ainda vivem, numa efetividade que está ligada às condições vitais. O antepassado necessita de oferendas, necessita de alimentação, necessita de comida e bebida. Não é a pessoa e o fenómeno da transcendência espiritual que conduz a esta crença, mas o fenómeno idêntico do excesso da *vida* sobre as situações sensíveis e o corpo morto, dos corpos vivos sobre os inanimados. Aqui, a pessoa ainda não foi descoberta, nem, do mesmo modo, o fenómeno da transcendência do espírito em relação à vida.

A doutrina da «eternidade do espírito» é o cerne da teoria platónica, é o que nela há de especificamente platónico, em contraste com os elementos mais ou menos míticos que Platão recebeu das teorias órficas originárias da Ásia, e que tentou racionalizar. Aristóteles, que negava com mais determinação a sobrevivência pessoal, purificou a doutrina dos elementos míticos que a constituíam. Em S. João ela joga um papel importante. Mas a «vida eterna», neste sentido, não tem nada a ver com a sobrevivência da pessoa. Porque esta chamada «vida eterna no meio do tempo», como diz a imprecisa expressão teológica, é apenas, factualmente, uma vida temporal no chamado «eterno», quer dizer, em conteúdos cujo sentido é intemporal. A sua aceitação não acarreta sobrevivência pessoal, como, por outro lado, a aceitação da sobrevivência pessoal não exclui a separação entre atos que são dirigidos a um sentido intemporal e atos que se dirigem ao temporal. Também Espinosa – que negava com força a sobrevivência pessoal – conhecia esta vida no chamado eterno, quer dizer, no intemporal; conhecia-a, de facto, muitíssimo bem.

Também esta doutrina não repousa naquele *fenómeno* espiritual do *excesso*. Das infinitas teorias que dele se ocupam, retiro apenas a de Kant e a de Goethe. O facto de serem apenas *aperfeiçoamentos* específicos das infinitas teorias que se ocupam deste fenómeno fundamental mostra que não o apresentam em toda a sua pureza. Por isso, chamo-lhes apenas *tipos* da crença na sobrevivência da pessoa.

Para Kant, a experiência do excesso de um dever infinito é dada na «obrigação» infinita de ultrapassar os limites que são próprios do decurso da nossa vida, no sentido da efetivação de

TIPOS DE CRENÇA FILOSÓFICA NA SOBREVIVÊNCIA PESSOAL | 67

um tal dever. Quando Kant vê diante de si esta tarefa moral infinita que põe o imperativo categórico – algo de sublime que, para ele, é comparável ao céu estrelado – e, ao mesmo tempo, tem em vista a finitude da vida, o caráter ocasional da morte e a fraqueza das forças humanas diante desta tarefa – comparável à distância que nos separa das estrelas –, desperta nele a experiência racional necessária, ou o «postulado da razão», de que uma existência pessoal, mesmo depois da morte, possa preencher esta exigência.

Pelo contrário, em Goethe, a quem a virilidade espiritual concedia uma eterna frescura e abundância, é a consciência do poder e da força que o determina a acreditar na sobrevivência. Da consciência imediata do *excesso de poder do seu espírito*, para cuja realização o viver terrestre finito não concede um domínio de criação suficientemente grande que o satisfaça, desperta nele, imediatamente, a convicção de que a sua «enteléquia» (como ele diz) deve sobreviver à morte. O contínuo pressentimento da desproporção entre uma aspiração infinita, uma criação e uma atividade infinitas, a felicidade infinita de um espírito apaixonadamente impelido, e o destino certo e claro do corpo em envelhecimento é o que transforma para ele em certeza a crença na sobrevivência.

«De forma alguma devo carecer da felicidade de acreditar numa sobrevivência futura, mas, com Lourenço de Médicis, devo mesmo dizer que já estão mortos para esta vida aqueles que nada mais esperam (...) Quem acredita na sobrevivência goza, em repouso, de felicidade, mas não tem nenhum motivo para imaginar como tal possa vir a ser.» (1824)

«Este pensamento na morte deixa-me completamente tranquilo, pois tenho a firme convicção de que o nosso espírito é um ser de natureza totalmente indestrutível, é algo que permanece atuante por toda a eternidade. É semelhante ao Sol, que parece desaparecer diante dos nossos olhos terrestres, mas que, de facto, não desaparece e, sem cessar, continua a dar luz.» (1824)

«Não duvido da nossa sobrevivência, pois a natureza não pode fazer desaparecer a enteléquia. Mas não somos todos imortais do mesmo modo e, para alguém se manifestar no futuro como grande enteléquia, é necessário ser já uma.» (1829)

68 | MORTE E SOBREVIVÊNCIA

«Assim também, o filósofo não necessita da autoridade da religião para demonstrar certas doutrinas, como, por exemplo, a da sobrevivência eterna. O homem deve acreditar na imortalidade, tem uma razão para o fazer, ela está de acordo com a sua natureza e pode confiar nas promessas da religião; mas quando o *filósofo* quer retirar de uma lenda a prova da imortalidade da nossa alma, socorre-se de um meio muito fraco e sem grande significado. A convicção na nossa sobrevivência resulta, para mim, do conceito de atividade; porque, se ajo sem descanso até ao final da minha vida, a natureza está obrigada a conceder-me uma outra forma de existência, quando a forma presente já não consegue conter o meu espírito por mais tempo.» (1829)[4]

Destes dois tipos de crença na imortalidade é o de Goethe que se encontra mais perto da verdade. Qualquer dever está fundado num *poder* e esta consciência do poder, do poder espiritual para ser *mais* do que aquilo em que nos tornámos, nas condições e com os meios da vida terrena, é o que nos dá a última certeza intuitivamente evidente da sobrevivência. Por isso, o desaparecimento desta crença é sempre, ao mesmo tempo, uma demonstração do desaparecimento da consciência do poder do espírito.

A fonte verdadeira e permanente da crença na imortalidade é a primeira e profunda experiência de uma *liberdade do poder da nossa existência espiritual,* diante da obrigatoriedade que ela contraiu devido à sua ligação a um corpo terreno.

---

[4] Cfr. Joh. Peter Eckermann, *Gespräche mit Goethe.*

APÊNDICES

A
Métodos no estudo
do problema da sobrevivência

Os caminhos que até aqui foram percorridos para obter uma resposta para o problema da sobrevivência foram, essencialmente, os seguintes cinco: 1) o caminho das construções metafísico-racionalistas, do género da tentativa de extrair da natureza da chamada substância anímica, por exemplo, da sua «simplicidade», algo acerca da sua sobrevivência; 2) o caminho da experiência das almas de indivíduos já falecidos que se nos dirigem de uma forma qualquer e que mantêm com os vivos, portanto, uma certa ligação (misticismo, espiritismo, etc.); 3) o caminho da exigência moralmente fundada, ou dos postulados (Kant); 4) o caminho da aceitação, pela fé, de uma qualquer forma de revelação do destino da alma; 5) o caminho da construção mais ou menos ousada de analogias e raciocínios que transferem relações fundamentais da nossa experiência para uma esfera de existência exterior a essa experiência (como, por exemplo, a «metafísica indutiva» de Fechner e a sua teoria segundo a qual a morte é análoga ao nascimento, é um segundo nascimento, ou qualquer coisa de semelhante).

Não podemos investigar aqui com profundidade quais os esclarecimentos que podemos obter por intermédio destes caminhos. Devemos somente justificar, brevemente, por que

72 | MORTE E SOBREVIVÊNCIA

motivo escolhemos um caminho completamente diferente, sem, por isso, condenarmos os outros caminhos.

Para o nosso propósito neste livro(*), quero, desde já, excluir um destes caminhos, embora sem pôr em causa a sua legitimidade interna. E o caminho da *crença* numa revelação divina. Em minha opinião, tal caminho não é apenas justificado, mas igualmente necessário. Mas está para além da competência do filósofo. Certamente que a filosofia pode ainda mostrar qual é a essência desta forma de experiência; mais do que isso, mostrar que ela se distingue, de acordo com a sua essência, de todas as outras formas de experiência e que é a fonte, necessária e impossível de deduzir de qualquer outra forma de experiência, da aceitação (pela fé) de certos contactos existenciais e das verdades que lhes correspondem, que apenas deste modo podem sobrevir ao homem. Mas o seu conteúdo, tal como a justificação de um determinado conteúdo da revelação, é inacessível à filosofia. A conexão interna do conteúdo da revelação e a sua sistematização é o objeto da ciência da fé, quer dizer, da teologia, não da filosofia. Em si mesma esta conexão é fechada e perfeita. Nos seus pormenores não necessita de nenhuma justificação filosófica e não suporta nenhuma crítica filosófica. Certamente que não é passível de qualquer dúvida que, se Deus entrou em contacto connosco através dos santos, pessoas que se encontram numa forma particular de comunidade com ele, ou se Deus (tal como eu, como cristão, acredito) apareceu na terra em Cristo, deve ter-nos dado, igualmente, certas informações acerca do nosso destino depois da morte. Mas não pensamos em fazer qualquer uso, neste trabalho filosófico, de tais informações.

De todos os caminhos mencionados nenhum me parece ter perdido mais poder de convicção do que o caminho da *construção racionalista*. Pois cada vez se torna mais claro que em tal construção há muita coisa de indefinido, que os factos de experiência autorizam, embora não exijam claramente. Relativamente à nossa questão, dificilmente há uma, de entre

---

(*) Scheler refere-se ao seu livro *O sentido da morte*, que projetava escrever por volta de 1916 (*N. T.*).

A – MÉTODOS NO ESTUDO DO PROBLEMA DA SOBREVIVÊNCIA | 73

as hipóteses positivas e negativas acerca do suporte real dos atos e processos espirituais, que não seja, de certo modo, compatível com os factos, por nós conhecidos, dos processos anímicos, a sua dependência do corpo e do corpo em relação a eles, e que não se possa conjugar, sem contradição, com outras hipóteses de uma metafísica racional. Mas precisamente por isso, nenhuma dessas hipóteses é necessária. O falecido filósofo Hugo Münsterberg corroborou esta posição, de forma muito clara e muito rigorosa, nos seus *Fundamentos de Psicologia*. Abstraindo disto, os resultados que seriam obtidos se percorrêssemos este caminho não teriam quase nenhum significado para a nossa exigência de conhecimento – aquele conhecimento que quase não pode ser dado sem, ao mesmo tempo, mover a nossa vontade e sem renovar completamente a nossa vida como um todo. Se penso, sentado à secretária, se possuo ou não uma substância anímica indestrutível, tal significa (enquanto estes juízos não se puderem descobrir por meio de conteúdos intuitivos, experiências vividas e conhecimentos eidéticos definidos), para tudo aquilo que torna significativo para mim o sentido de tal questão – e, também, para a necessidade que me leva a interrogar-me sobre esse sentido e para as consequências, relativamente ao meu modo de viver, que resultam da sua afirmação ou negação – a mesma coisa que nada. Ao dizer isto, estou muito longe de atribuir qualquer justificação aos erros do chamado *pragmatismo*. O facto de o nosso ser espiritual continuar a existir ou não para além da morte é uma questão puramente teórica. A consequência prática, quer dizer, a determinação – desta ou daquela maneira – da nossa ação, consoante a resposta for afirmativa ou negativa, não tem qualquer significado para a sua verdade ou falsidade. É, antes, o nosso *conhecimento* que tem, também, de dirigir a nossa ação, e, quanto mais adequado for, mais efetivamente dirige. Por isso, devemos concluir que um conhecimento exato e completo é necessariamente corresponsável pelo nosso querer e pelo nosso agir, e aceitar que aí onde essa corresponsabilização não está presente não estava igualmente presente um conhecimento exato e completo.

Estas reservas devem manter-se diante do método kantiano dos chamados postulados da razão. A exigência de um domínio de existência estendendo-se para lá da minha morte, tendo por base a vivência de um dever que sinto em mim próprio como um «facto da razão pura», não derivando de experiências empíricas isoladas como produto genético delas, nem nelas encontrando os limites do seu sentido, é tão privada de conhecimento e tão cega quanto mais não é do que uma mera «exigência». Nem o facto de ser a exigência mais poderosa, nem o facto de o ser e a realidade me consentirem tal exigência, poderiam fazer com que ela se transformasse em algo mais do que um «desejo vazio». A dignidade do fundamento dessa exigência, através de um imperativo de valor universal e infinito, que tem a sua origem na própria razão pura, também não me pode, verosimilmente, garantir a sua realização ou não realização. Ela é apenas um facto subjetivo, para cuja realização, nem o mundo, nem o seu fundamento, fornecem qualquer obrigação que me seja conhecida. Pode dar-se o caso de o conhecimento da minha sobrevivência, ou do ponto da minha situação espiritual que permite que tal conhecimento tenha lugar, não serem independentes do facto de ter percebido em mim o apelo de um dever infinito, de uma obrigação empiricamente ilimitada quanto ao seu sentido, ou de ter feito os possíveis para lhe obedecer em vida de forma permanente. Neste caso, somente a existência deste conhecimento seria condicionada do ponto de vista moral e prático, mas não o seu conteúdo, nem o sentido que lhe corresponde. Por isso, também não é moralmente aceitável que uma pessoa se considere a si mesma «digna» de sobreviver infinitamente à sua própria morte tendo por base uma tarefa infinita que encontra naquele imperativo. Em todo o caso, teria somente direito a exigir (independentemente do seu preenchimento) um tal campo infinito de existência se, pelo menos durante toda a sua vida, não somente tivesse experimentado, sempre e em toda a parte, esta exigência de uma forma pura, mas também a tivesse ouvido favoravelmente e se tivesse conformado com ela de um ponto de vista prático. Pois não se vê por que motivo àqueles homens que, em vida, não estiveram à altura desta exigência, ou apenas o estiveram por momentos e parcialmente, «deveria» a natureza conceder ainda um campo de ação e de existência que durasse eternamente. Pois já não

A – MÉTODOS NO ESTUDO DO PROBLEMA DA SOBREVIVÊNCIA | 75

abusaram, total ou parcialmente, do pequeno campo de vida cá em baixo? Segundo Kant, o «pecador» não poderia nunca atingir esta exigência enquanto tal. Pelo contrário, deveria mesmo ver numa morte definitiva a justa retribuição do seu comportamento.

Apesar de Kant não retirar esta consequência, mas, pelo contrário, aceitar que o bom e o mau sobrevivem igualmente e exigir para ambos uma justa retribuição, deveria contudo tê-la retirado – objetivamente – de acordo com os seus pressupostos. Isto esclarece também por que motivo Kant não conhece uma liberdade inteligível para o mal; para ele, o homem livremente determinado pela razão é, justamente, o homem bom, e o mau é apenas o homem dominado pelas inclinações e pelos instintos. Mas, porque a exigência de imortalidade somente é produzida pela liberdade racional, não pode ser posta pelo homem na medida em que é um homem mau e pecador.

A universalidade exclusiva e a identidade de conteúdo da lei moral, sobre a qual repousa a «exigência da razão pura» de sobrevivência, segundo Kant – dada a ausência, no seu sistema, de um *bem válido individualmente* para cada indivíduo e, analogamente, da respetiva «exigência do momento» –, impedem, igualmente, a legitimidade dessa exigência enquanto tal. A lei moral pode apresentar uma tarefa infinita. Mas o facto de, continuamente, novos indivíduos, que devem satisfazer esta exigência que é idêntica para todos, nascerem e morrerem, não será também algo de ilimitado? Por que motivo não pode a humanidade no seu todo satisfazer a exigência infinita que uma vida individual finita é demasiado breve para satisfazer? Compreenderia que Kant colocasse apenas como «postulado» a sobrevivência ilimitada da humanidade; para o postulado da sobrevivência individual não há, do seu ponto de vista, qualquer justificação interna. Pois o indivíduo apenas pode e deve «exigir», com sentido e justificação, a sua própria sobrevivência se tiver a convicção de que, ao lado e independentemente das suas tarefas universais e dos seus deveres (para cuja realização poderá ser substituído por outros, do ponto de vista principal), lhe cabem ainda uma tarefa e um dever *peculiares*, insubstituíveis, e que só podem ser cumpridos por si próprio; e também se lhe aparecer, como valor objetivo, uma imagem ideal peculiar a cuja realização sabe estar ligada a sua «salvação» pessoal. Podendo a alma humana ser substituída, no domínio de algumas tarefas delimitadas, não apenas do ponto de vista empírico, mas também do ponto de vista metafísico, e ser, portanto, igualmente substituível no que respeita à tarefa moral total que pertence ao âmbito de qualquer espírito finito, não vejo, então, como poderia exigir razoavelmente uma sobrevivência para além da morte, independentemente do facto de esta exigência ser satisfeita ou não pela natureza das coisas.

O método da constatação empírica por meio de um comércio ocasional com as almas defuntas, se pudesse conduzir a resultados seguros, seria naturalmente um dos melhores em que se poderia pensar, se não mesmo simplesmente o melhor. Para mim, este caminho está excluído pelo facto de não dispor de experiências ou observações deste tipo, nem sequer me atrever a avaliar os materiais disponíveis. Em todo o caso, sei que não há nenhum método, experimental ou indutivo, portanto, nenhuma física, química ou psicologia naturais, que não pressuponha conhecimentos eidéticos intuitivos, em que se apoiam princípios e construções conceptuais elementares, e ainda hipóteses mentais, de acordo com cujo sentido a experiência é interrogada. Mas isto significa que este método mesmo, no caso de ser totalmente correto, conduz sempre a factos a que subjaz, tomados em si mesmos, uma infinita pluralidade de sentidos de interpretação; isto, pelo menos, enquanto os factos não forem vistos e interpretados no espírito de uma determinada filosofia. Por isso, tal método pressupõe já o nosso trabalho. Os fenómenos deste tipo, comprovados de forma relativamente segura, são explicados de modo tão fundamentalmente diverso pelos seus intérpretes credenciados que a aceitação de que é o «espírito dos defuntos» que neles se exprime é, em todo o caso, apenas uma das hipóteses possíveis.

Devemos, sem dúvida, rejeitar a afirmação dos kantianos segundo a qual de forma alguma se poderia tratar, nestes fenómenos, de um indício de coisas reais, pois a capacidade de registo de um fenómeno num contexto unitário de leis naturais ou a sua posição de membro de um sistema de conexões lógicas é,

A – MÉTODOS NO ESTUDO DO PROBLEMA DA SOBREVIVÊNCIA | 77

na realidade, *o* critério do seu significado objetivo e real. Pois não possuímos, nem um sistema perfeito ideal de todas as leis naturais, nem é correto dizer-se, de qualquer experiência, que a reivindicação de um significado objetivo-real lhe sobrevenha, somente, como consequência de tal integração. Se já diante dos meus companheiros terrenos, que me falam e que perceciono do ponto de vista sensível, os dados materiais puramente sensíveis e empíricos da minha experiência estão muito longe de ser suficientes para lhes atribuir uma existência pessoal e espiritual, ou melhor, para explicar a minha clara compreensão da estabilidade da sua existência, sem fazer intervir conhecimentos *extra*ssensíveis da intuição e da razão; assim também, só se pode admitir, em relação a este domínio ainda muito nebuloso de experimentações e experiências presumíveis, a hipótese de ser real, quando tivermos já terminado a construção de uma teoria especial do conhecimento de outros seres espirituais. Por isso, pomos também aqui totalmente de lado este método de «experiências transcendentes», reais ou presumíveis.

Finalmente, sinto que o método *analógico* de Fechner está, em muitos dos seus aspetos, mais próximo de mim do que todos os outros métodos. Comunga, de facto, daquilo que defendo acima de tudo, ou seja, o princípio imanente, quer dizer, o princípio segundo o qual a questão não se decide, nem tendo por base uma construção racional, nem uma experiência direta das chamadas almas dos defuntos, mas exclusivamente tendo por base o conteúdo que é dado na plenitude da nossa experiência vital terrena. *Alargar* este conteúdo para além da experiência, segundo formas, regras e leis que se encontram nele próprio, apresentá-lo, portanto, num contexto existencial amplo que, nas suas formas de ligação, está construído de modo análogo ao seu: esta mistura de fantasia criadora e de construção racional por analogia foi o método, ainda pouco desenvolvido do ponto de vista lógico, utilizado por essa criança grande, culta, inteligente, mas também brincalhona e demasiado ingénua e atrevida, que foi Fechner.

Parece-me indubitável que Fechner – não falo aqui dos seus resultados, mas do seu método – possuía o poderoso sentimento instintivo e verdadeiro de que, com a ajuda de intuições eidéticas (que obtemos, não através, mas *na* existência das coisas que nos são acessíveis pela experiência), podemos *alargar*; no conhecimento, a esfera desta existência a esferas de existência mais amplas, que não se encontram em contacto existencial, direto ou indireto, connosco. Quer dizer, Fechner teve sensibilidade para aquela intuição fundamental que é decisiva para o sentido e existência de uma metafísica, a saber, que a nossa intuição pura da quididade e da essência do mundo – apesar de ser obtida numa intuição que tem por base um domínio rigorosamente delimitado de existência das coisas – *excede* infinitamente este domínio, e que não podemos ainda conhecer o contexto *essencial* de uma existência que nos está vedada enquanto existência *particular*. Fechner teve sensibilidade para o *Logos*, quer dizer, para a mais elevada representação sistemática de todas as conexões eidéticas, que ilumina e espiritualiza o mecanismo da nossa experiência contingente da existência, que é o ângulo minimal de qualquer experiência de existência realmente «possível», mas que – segundo o seu sentido e o seu valor – reclama um sentido e um valor que se dirige a *qualquer existência possível em geral*, muito para além deste ângulo. O seu pensamento, criticado tantas vezes com tão pouca profundidade, segundo o qual se deve ultrapassar a experiência mediante a experiência – mas não através de princípios racionais *a priori*, no sentido kantiano – e que no próprio conteúdo da experiência se encontram as indicações empíricas para a sua ultrapassagem, as direções e os vetores que, se forem percorridos em toda a sua extensão, permitem que ela se possa e deva ultrapassar; e que é a própria experiência – e não uma exigência racional que colocamos nela – a dar a conhecer a sua insuficiência e o seu contexto mais vasto; este seu pensamento contém uma das verdades mais profundas que já foram alguma vez pensadas em filosofia.

B

Onus Probandi

Saber quem deve suportar o «ónus da prova» da sobrevivência da pessoa é uma clara indicação daquilo que «pessoa», em geral, é e significa e de qual a relação essencial que existe entre a pessoa e o processo da *vida*. Há aqui uma série de alternativas simples.

Se, em primeiro lugar, a pessoa for apenas uma coleção dos seus atos singulares, por exemplo, um encadeamento deles no tempo, então, com a supressão dos seus atos, ela mesma deverá desaparecer. Se, pelo contrário, a pessoa não for uma coleção desse género, mas algo a cuja essência pertence, de facto, ser e existir apenas em atos, mas que não se pode nunca esgotar, quanto à sua essência, nos seus atos singulares e na soma deles – de modo que lhe pertence, essencialmente, uma série infinita de atos –, a *supressão* de um ato determinado ou de uma multiplicidade qualquer desses atos, só *pode* ser, então, uma supressão do nosso *conhecimento* da pessoa, mas não significa necessariamente o seu próprio desaparecimento. Basta que possa conhecer um único ato para que seja estabelecida a existência da pessoa que o realiza. Se não puder constatar mais nenhum ato ulterior da pessoa, então, a existência da pessoa – com a série infinita dos atos que lhe pertencem – *pode*, de facto, ter terminado; pois da essência de uma coisa em momento algum se pode concluir algo relativo à sua existência. Não obstante, o *onus probandi* recai sobre aquele que afirma a sua *não*-existência.

Em segundo lugar, no que se refere à questão do *onus probandi*, devemos considerar o modo como a legalidade interna dos atos se relaciona com as leis que regulam o processo *vital*. No caso de as leis dos atos serem, de alguma forma, consequências ou aplicações de regularidades biológicas, deveria desde logo aceitar-se que também os próprios atos terminam e se extinguem com o processo vital. Mas se não for isto que acontece, há uma legalidade espiritual *autónoma* que não está ligada a qualquer legalidade vital por um vínculo essencial – mas apenas *de facto* –, e então deve-se aceitar que os atos espirituais da pessoa se continuem a efetivar, mesmo quando as leis vitais exigem a morte do organismo, e que tais atos persistem enquanto um fundamento interno situado no interior da própria pessoa, ou a intervenção de um poder igualmente superior à pessoa, ponham fim à sua existência. Mesmo aí, o *onus probandi* cabe àquele que nega a sobrevivência da pessoa para além da morte.

Não dizemos, portanto, que se possa «provar» ou concluir alguma coisa sobre a existência da pessoa a partir da sua essência, ou da essência e legalidade dos seus atos, seja antes, seja depois da morte. Qualquer dessas tentativas cai no erro do argumento ontológico. Dizemos apenas que, quando (e na medida em que) a existência da pessoa está perfeitamente estabelecida, o ónus da prova relativamente à sua sobrevivência varia com o tipo de resposta que for dada a esta questão essencial. Mas mesmo se o ónus da prova recai sobre aquele que nega a sobrevivência, no caso de haver uma independência essencial entre a pessoa e os seus atos, entre legalidade espiritual e biológica, *não* se está a afirmar, com isso, senão que a morte não constitui «nenhum fundamento» para afirmar o término da pessoa. Mas de forma alguma, desse modo, se estaria a provar a sua sobrevivência. O facto de a pessoa continuar ou não a existir poderia ainda depender do seu comportamento, ou da sua livre atividade relativamente às leis biológicas. A sua sobrevivência estaria ainda, por assim dizer, totalmente aberta para si.

Finalmente, a questão do *onus probandi* dependerá totalmente do modo como a própria pessoa e a pessoa do outro, como

B – ONUS PROBANDI 81

existentes, *vêm a ser dadas como facto real*. Devo, para experimentar a existência da minha própria pessoa, experimentar a posição e o conhecimento da existência do meu corpo, de modo a viver a existência da pessoa como «construída» sobre o corpo e suportada por ele? Ou será que este corpo, que chamo «meu», é peculiar para mim apenas porque «pertence» à minha pessoa e à sua maneira de ser individual, porque é *dado* como *«sujeitando-se-me»*, como parte do mundo universal dos corpos de cujo todo se encontra separado, na qual se «manifesta» a esfera vital imediata pertencente à pessoa? E o mesmo é válido para a realidade efetiva da pessoa do outro. De que modo a sua existência pode ser experimentada de um ponto de vista essencial? Será que eu retiro esta sua existência – seja por meio de raciocínios causais ou analógicos – das características do seu corpo, como por exemplo o movimento, que já deve, portanto, ter-me sido «dado» como existente? A lógica exige também que eu pense a existência da pessoa como suprimida quando desaparecem os fundamentos da minha crença, a saber, as características e movimentos do seu corpo. E o mesmo sucederá se a hipótese da existência do outro for condicionada – através da perceção dos seus movimentos corporais – pela projeção afetiva do meu «eu», ou de outro essencialmente idêntico, na imagem do seu corpo.

Passa-se algo de diferente quando perceciono, verdadeiramente, o conteúdo da experiência do outro, e essa mesma experiência nas suas *manifestações expressivas* «vivas» e na sua maneira de ser particular, e concebo como sendo o «seu» corpo aquela parte do mundo universal dos corpos na qual me surgem, de modo mais imediato, os fenómenos expressivos e na qual e através da qual me é dada a sua experiência vivida. Já durante a vida da pessoa, o movimento vivo que consiste na posição do seu corpo não me dá a sua existência pessoal invisível. O corpo é, então, dado apenas como limite de um certo âmbito particular e «direto» de dominação da pessoa, no interior do mundo dos corpos – o mesmo tipo de domínio que me é familiar a partir da relação vivida da minha pessoa com o meu corpo –, e, ao mesmo tempo, como cena temporária da expressão da pessoa do outro, quer dizer, como o lugar onde a vida, que brota do seu centro invisível, desemboca finalmente na esfera sensível. O facto de a pessoa não ser «visível» nem «determinável» após a morte prova alguma coisa contra a sua existência? Não prova absolutamente nada, já que também durante a sua própria vida não era visível nem determinável. Eram-no os seus ossos, os seus músculos, a sua cabeça, mas só nos interessamos por isso a título de anatomistas ou de médicos e, de facto, em consequência de um abandono artificial da unidade de expressão. Será que neste caso é o desaparecimento das manifestações expressivas deste corpo que fornece a ocasião para admitir que a pessoa já não experimenta mais nada? De forma alguma. Já durante a sua vida, o conhecimento das suas unidades expressivas e a compreensão das unidades da sua ação não estava «fundada» na perceção e na natureza da unidade dos seus órgãos e respetivos movimentos. Só se pode concluir uma coisa: a *cena* da sua expressão, o modo de apresentação do seu «corpo» numa parte do mundo dos corpos, estão agora modificados. Não se deve, portanto, concluir (de um ponto de vista lógico) que as vivências da pessoa – situação que, do ponto de vista principal e encarada logicamente também poderia ter lugar sem que houvesse «expressão» – se exprimiram até ao momento presente, mas agora já não se exprimem mais. Deve-se simplesmente concluir que a sua expressão e as suas ações se tornaram *inacessíveis* para nós e, somente por isso, «incompreensíveis». Pois já durante a vida o corpo, agora em decomposição, se davam apenas como cena da expressão e do agir da pessoa, e não como fundamento de um raciocínio ou de uma projeção afetiva. De novo, o *onus probandi* recai sobre aquele que afirma que tal transformação de uma parte do mundo dos corpos que consiste na passagem daquele corpo a cadáver é algo mais do que uma modificação do âmbito de afirmação da pessoa e da cena das suas exteriorizações vitais.

O modo como colocamos o problema mostra que, em todos os casos, a questão da sobrevivência depois da morte depende totalmente de uma série de questões da nossa experiência viva, enquanto vivemos. Ninguém pode *sobre*viver de modo diferente daquele em que já *vive*, ou em que, mais rigorosamente, *experimenta* a sua vida e aquilo que nela se abre diante de si próprio.

B – ONUS PROBANDI | 83

Não encontro nada de mais espantoso do que o modo como, geralmente, se aborda esta importante questão; dificilmente encontro palavras para esta coisa espantosa. Parece pensar-se que a morte poderia – independentemente de haver ou não sobrevivência – fornecer uma lei para a supressão daquilo que já domina durante a vida; como se a morte, portanto, fosse simplesmente o grande milagre depois do qual «tudo se passa de modo diferente». Há um tipo de crentes que – como já Fichte com razão escarnecia – parecem admitir como único fundamento da sobrevivência o estar sepultado. Ambas as partes não sabem que a questão da sobrevivência só se pode decidir por uma rigorosa e clara compreensão do modo como e daquilo que, quotidianamente e a todas as horas, e mesmo de segundo a segundo, vivemos. A questão da sobrevivência também não é uma questão que somente a própria morte possa solucionar. Quem espera por esta «solução» espera em vão. Se não vir, conceber, intuir diretamente, cara a cara, que sou um ser que é dono do seu corpo, que é rei e senhor no deserto das «coisas» mortas; se não for precisamente isto nesta minha vida, se não estiver, portanto, nela próprio estabelecido; e se não vir, conceber e intuir, em cada um dos meus irmãos, uma pessoa que é centro de todo um mundo que se encontra para além dos poucos «farrapos» sensíveis que me tombam diante dos olhos e das mãos (qualquer coisa que se estende em profundidade e que não é suficiente para esgotar o meu amor e a minha compreensão); como poderia então eu, como poderiam então estes meus irmãos, sobreviver àquilo que se chama morte? E como poderia não ser assim, se vejo e experimento tudo isto?

Lourenço de Médicis diz que «já estão mortos para esta vida todos aqueles que não esperam outra». Deixemos por enquanto em suspenso saber se é assim ou não, pois aqui está apenas em discussão o modo de colocar o problema. Mas Lourenço de Médicis tinha razão quando considerava a questão como uma daquelas que dizem respeito a *qualquer vida presente*. Em todo o caso, uma das partes já está morta para esta vida, seja aquela que espera, seja aquela que não espera. Não se trata apenas do facto de aquele que tem a certeza da sua sobrevivência viver de outro modo e de, na sua vida, experimentar outras coisas, em comparação com o que acontece com aquele que tem a certeza do contrário, ou com o cético, que deixa à morte o poder de resolver a questão; mas, precisamente, do facto de aquilo que o homem experimenta de segundo a segundo – de acordo com a atitude que, em cada caso, toma relativamente à existência, relativamente a si mesmo e aos que vivem perto de si – preparar a resolução do problema, tal como a flor prepara o fruto. Os céticos não veem que a questão, ou não tem sentido, ou pode ser decidida em cada momento da vida; e que ela tem sentido exclusivamente para aqueles que vivem e não tem nenhum sentido para os mortos. E de onde sabem que a solução não depende, precisamente, do seu comportamento interior e do seu modo de viver, que lhes permite obter uma perspetiva sobre isso quando refletem sobre a sua vida?

Deve dizer-se, uma vez mais, a estes presumidos e filisteus, o que Pascal mostra de forma tão clara e grandiosa: há questões que «nós» não colocamos arbitrariamente, mas que dependem, precisamente, da nossa *situação metafísica* no mundo – e *que tal situação nos coloca*. Só a ilusão e a angústia lhes permitem não aceder à esfera do juízo. Mas tais questões tornam-se ouvidas necessariamente. E há questões que quase não resolvemos, nem podemos resolver, pois, totalmente para além da nossa esfera de crença, de juízo, ou de conhecimento, cada pequena parcela da vida resolve-as factualmente, de uma maneira ou de outra. E já o facto de a sua solução ficar em suspenso é, em relação a tais questões, uma solução, neste caso, uma solução *negativa*. A teoria segundo a qual as autênticas questões metafísicas são «irresolúveis» é ainda mais errada por, pelo contrário, elas serem as únicas questões que cada pessoa *deve* resolver em cada um dos seus atos, quer «queira» quer «não queira». Pertence à essência de tais questões a impossibilidade de serem adiadas, ou de permanecerem em suspenso, e há somente uma diferença quanto à medida em que cada um se «embrenha» nelas, ao modo como as «resolve» e ao facto de as resolver – as «resolver» na sua vida –, e quanto à medida em que acredita na sua própria resolução e julga ou profere juízos de acordo com ela ou com influências estranhas.

B – ONUS PROBANDI

85

As únicas coisas que merecem ser chamadas «visões do mundo» são, não aquelas conclusões precipitadas e tentativas reacionárias de imobilizar o processo científico, infinito quanto à sua essência, como muitos cuidam de fazer; mas somente *o modo de experiência do próprio mundo*, aquele modo de experiência determinado que cada indivíduo, cada povo, cada época, toma, de modo incondicionado, como vivência de um absoluto e que, de modo incondicionado, expressamente ou não, constitui o sentido de todo o seu ser e agir. «Visão do mundo» é a única intuição que cada um sempre e necessariamente tem, quer «queira», quer «não queira», quer a torne clara para si mesmo, quer não. Do que aqui se trata, é da questão de uma visão do mundo deste género.

Quando dizemos que a questão da sobrevivência é, de certo modo, *decidida* na experiência de cada momento e – podemos acrescentar – na experiência de cada facto mais simples, e que também pode ser decidida, para o nosso conhecimento, na reflexão fenomenológica sobre esta experiência, devemos tentar tornar o mais rigorosamente possível independente de tal solução aquilo que uma pessoa afirma ser a sua «opinião» ou a sua crença religiosa sobre tal assunto. Certamente que existe uma crença viva que parece quase coincidir com a própria experiência, ou que toma sempre a medida desta experiência, em todas as suas pulsações, suspensa dos seus altos e baixos; mas as suas subidas e descidas, os seus detalhes e colorações, escapam a todas as determinações completas, em enunciados possíveis, daquilo que é objeto de crença, quer dizer, ao sentido que é «dado» na própria crença – e não num juízo sobre a crença ou sobre o seu objeto. Mas também esta «crença» pode faltar sem que falte o fundamento adequado que lhe corresponde na própria experiência. Nesta esfera de crença, o homem pode ainda, por exemplo, duvidar e, todavia, ter, na própria experiência, a evidência total daquilo de que duvida. Mas aquilo a que habitualmente se chama «a» crença de um indivíduo não é sequer o conteúdo dessa «crença», mas o *juízo* que resulta daquilo que é assim acreditado, quando não mesmo, somente, o enunciado sobre o estado de coisas assim julgado, a saber, «este conteúdo é o conteúdo da fé». Mas este enunciado, segundo o seu conteúdo, está totalmente condicionado pelo contexto intelectual do juízo e do raciocínio, no qual este mesmo juízo deve igualmente enquadrar-se.

Mas este contexto é, em grande parte, condicionado pelo *milieu* e pela sociedade em que os homens se encontram. Assim, muitos podem, não somente reconhecer por palavras que acreditam numa sobrevivência, mas também afirmar honestamente que há uma sobrevivência, sem que cada um se tenha tornado claramente consciente da experiência vivida que fundamenta já aquela íntima crença viva e sem possuir essa mesma crença. E muitos outros – por exemplo, todos aqueles a quem se ensinou que esta crença é apenas uma fraca consolação para a ausência de uma vida terrena satisfatória, que os «que possuem» desejam para aqueles que «nada têm», para quebrar a sua atividade política – podem possuir a consciência desta experiência e a crença íntima que lhe corresponde e afirmar, tendo por base a opinião que é própria da sua visão do mundo, que não sobrevivem e que o seu ser termina com a morte. Então, aqueles são os verdadeiros descrentes e estes os verdadeiros crentes.

Noutro lugar, procurei mostrar pormenorizadamente que só podemos tomar uma decisão relativamente às três alternativas referidas mais acima se se admitir:

1) Que a unidade da *pessoa* não é uma coisa nem uma substância situada «por detrás» dos seus atos, nem uma espécie de mero agregado, mas uma *«unidade concreta» sui generis*, que *vive e existe totalmente em cada um dos seus atos* e que pertence, de acordo com uma lei eidética, a uma série infinita de atos.

2) Que as leis de todos os *atos espirituais* específicos, tanto aquelas que regem os seus meros contextos de sentido, como aquelas segundo as quais eles são determinados como verdadeiros ou falsos, são *independentes* da esfera do ser e do devir corporal e psíquico e possuem, portanto, uma legalidade eidética interna autónoma.

3) Que a *existência das outras pessoas* e a «compreensão» da sua experiência não se conclui, de qualquer modo, da sua existência corporal e da natureza do corpo, nem

B – ONUS PROBANDI

é conhecida por meio de uma «projeção afetiva», mas é *dada* de modo tão *imediato* quanto a própria existência de um mundo de corpos.

Mas, precisamente com isto, indica-se também a quem cabe o *onus probandi* no que diz respeito a esta questão.

Índice

Prefácio.   7

Desaparecimento da crença na sobrevivência da pessoa 11

Essência e «teoria do conhecimento» da morte 19

A Sobrevivência 47

Tipos de crença filosófica na sobrevivência pessoal 65

APÊNDICES

A – Métodos no estudo do problema da sobrevivência 71

B – Onus Probandi 79

TEXTOS FILOSÓFICOS

1. *Crítica da Razão Prática*, Immanuel Kant
2. *Investigação sobre o Entendimento Humano*, David Hume
3. *Crepúsculo dos Ídolos*, Friedrich Nietzsche
4. *Discurso de Metafísica*, Immanuel Kant
5. *Os Progressos da Metafísica*, Immanuel Kant
6. *Regras para a Direcção do Espírito*, René Descartes
7. *Fundamentação da Metafísica dos Costumes*, Immanuel Kant
8. *A Ideia da Fenomenologia*, Edmund Husserl
9. *Discurso do Método*, René Descartes
10. *Ponto de Vista Explicativo da Minha Obra de Escritor*, Sören Kierkegaard
11. *A Filosofia na Idade Trágica dos Gregos*, Friedrich Nietzsche
12. *Carta sobre a Tolerância*, John Locke
13. *Prolegómenos a Toda a Metafísica Futura*, Immanuel Kant
14. *Tratado da Reforma do Entendimento*, Bento de Espinosa
15. *Simbolismo: Seu Significado e Efeito*, Alfred North Withehead
16. *Ensaio sobre os Dados Imediatos da Consciência*, Henri Bergson
17. *Enciclopédia das Ciência Filosóficas em Epítome (Vol. I)*, Georg Wilhelm Friedrich Hegel
18. *A Paz Perpétua e Outros Opúsculos*, Immanuel Kant
19. *Diálogo sobre a Felicidade*, Santo Agostinho
20. *Princípios da Filosofia do Futuro*, Ludwig Feuerbach
21. *Enciclopédia das Ciência Filosóficas em Epítome (Vol. II)*, Georg Wilhelm Friedrich Hegel
22. *Manuscritos Económico-Filosóficos*, Karl Marx
23. *Propedêutica Filosófica*, Georg Wilhelm Friedrich Hegel
24. *O Anticristo*, Friedrich Nietzsche
25. *Discurso sobre a Dignidade do Homem*, Giovanni Pico della Mirandola
26. *Ecce Homo*, Friedrich Nietzsche
27. *O Materialismo Racional*, Gaston Bachelard
28. *Princípios Metafísicos da Ciência da Natureza*, Immanuel Kant
29. *Diálogo de um Filósofo Cristão e de um Filósofo Chinês*, Nicholas Malebranche
30. *O Sistema da Vida Ética*, Georg Wilhelm Friedrich Hegel
31. *Introdução à História da Filosofia*, Georg Wilhelm Friedrich Hegel
32. *As Conferências de Paris*, Edmund Husserl

33. *Teoria das Concepções do Mundo*, Wilhelm Dilthey
34. *A Religião nos Limites da Simples Razão*, Immanuel Kant
35. *Enciclopédia das Ciência Filosóficas em Epítome (Vol. III)*, Georg Wilhelm Friedrich Hegel
36. *Investigações Filosóficas sobre a Essência da Liberdade Humana*, F. W. J. Schelling
37. *O Conflito das Faculdades*, Immanuel Kant
38. *Morte e Sobrevivência*, Max Scheler
39. *A Razão na História*, Georg Wilhelm Friedrich Hegel
40. *O Novo Espírito Científico*, Gaston Bachelard
41. *Sobre a Metafísica do Ser no Tempo*, Henrique de Gand
42. *Princípios de Filosofia*, René Descartes
43. *Tratado do Primeiro Princípio*, João Duns Escoto
44. *Ensaio sobre a Verdadeira Origem, Extensão e Fim do Governo Civil*, John Locke
45. *A Unidade do Intelecto contra os Averroístas*, São Tomás de Aquino
46. *A Guerra e A Queixa da Paz*, Erasmo de Roterdão
47. *Lições sobre a Vocação do Sábio*, Johann Gottlieb Fichte
48. *Dos Deveres (De Officiis)*, Cícero
49. *Da Alma (De Anima)*, Aristóteles
50. *A Evolução Criadora*, Henri Bergson
51. *Psicologia e Compreensão*, Wilhelm Dilthey
52. *Deus e a Filosofia*, Étienne Gilson
53. *Metafísica dos Costumes, Parte I, Princípios Metafísicos da Doutrina do Direito*, Immanuel Kant
54. *Metafísica dos Costumes, Parte II, Princípios Metafísicos da Doutrina da Virtude*, Immanuel Kant
55. *Leis. Vol. I*, Platão
58. *Diálogos sobre a Religião Natural*, David Hume
59. *Sobre a Liberdade*, John Stuart Mill
60. *Dois Tratados do Governo Civil*, John Locke
61. *Nova Atlântida e A Grande Instauração*, Francis Bacon
62. *Do Espírito das Leis*, Montesquieu
63. *Observações sobre o sentimento do belo e do sublime e Ensaio sobre as doenças mentais*, Immanuel Kant
64. *Sobre a Pedagogia*, Immanuel Kant
65. *Pensamentos Filosóficos*, Denis Diderot
66. *Uma Investigação Filosófica acerca da Origem das nossas Ideias do Sublime e do Belo*, Edmund Burke